歴史文化ライブラリー

39

森鷗外

もう一つの実像

白崎昭一郎

吉川弘文館

原則として、初版で掲載した口絵は割愛しております。

目次

脚気からの視点

祖父白仙の死

松本清張の晩年の著作『両像・森鷗外』は、なぜか明治三十三年（一九〇〇）小倉赴任中の鷗外が、上京の途中、江州土山の祖父の墓に詣でるところからはじまっている。「小倉日記」を引用する清張の筆には、悽愴の気が漲っている。

両像・森鷗外

二日、天陰れり。午前六時大阪に至り、車を換ふ。九時草津に至り、又車を換ふ。十時三雲に至り、車を下る。雨中人力車を傭ひて出づ。午時土山常明寺に至る。……就いて過去帳を見んことを求む。駅人過去帳と他所人過去帳とあり。後者中、万延二年辛酉十一月七日卒、義禅玄忠信士といふものあり。傍に註して曰く、石州津和野家中・森白仙。中町井筒屋金左衛門にて病死。……是吾王父なり。

白仙と脚気

鷗外森林太郎の家は、代々石見国（島根県）津和野藩の藩医であった。林太郎の祖父・白仙は、藩主に従って江戸にあったが、文久元年（一八六一）八月の藩主の帰国に際して、脚気のために同行できなかった。秋になってやや軽快したので、ひとり帰国の旅に出たが、近江（滋賀県）の土山宿で脚気衝心により急逝した。時に十一月七日、脚気衝心としては季節的にやや遅いが、長途の旅行による疲労もあったのであろう。江州土山は江戸から約一一〇里、石州津和野はそこからさらに一三〇里もある。藩主の供を勤められなかった白仙には、強い自責の念があったろうが、上司や同僚の白眼も受けたかも知れない。脚気の恢復がまだ不十分であることを知りながら、長い旅路に踏み切ったのである。

白仙の墓

> 墓ありや否やを問へば、答へて曰く、門前より一町許、田圃尽きて、将に河岸に下らんとする処に、古塋域あり。その有縁の墓碑の如きは、皆既に寺の境内に遷せり。猶無縁の古碑二三の存せるものありと。往いて覓むるに、幸にして荊棘の間に存す。表には題して森白仙源綱浄墓と曰ふ。右に文久辛酉歳十一月七日卒、左に石州津和野医官嗣子森静泰立石と彫りたり。碑の四辺荒蕪最も甚しく、処々に人骨の暴露せるを見る。又竹竿を植てて、上に髑髏を懸くるものあり。碑の猶存するは、実に望外の喜なり。

江州土山はもと東海道の宿場町だったが、明治三十年代となれば、鉄道から遠く離れ、訪れるにも不便であった。鷗外は白仙の墓を寺の境内に移したが、その後二度と土山を訪ねていない。

その後、祖母清（白仙の妻）と母ミネの墓を、白仙の墓の傍らに作ったにもかかわらず。

祖父白仙の死は、鷗外と脚気との因縁の端緒であった。

江戸時代の脚気

脚気の症状

森白仙の例からもわかるように、江戸時代において脚気は決して珍しい病気でも、死亡の危険の少ない疾患でもなかった。ひろく全国にひろがり、致死率の高さを怖れられた疾病であった。

初期には、全身倦怠感、下肢の重感、知覚鈍麻、食欲不振などを来すのみであるが、病状が進めば、下肢の運動麻痺や浮腫を現わすようになる。さらに進めば、突然、胸内苦悶、心悸昂進、心臓肥大を来し、二、三日で死に至る。これを脚気衝心といい、最も怖れられた症状であった。三代将軍家光、十三代将軍家定、十四代将軍家茂は、いずれもこれによって死亡したと伝えられる。

江戸中期以降は、江戸において最も流行したので、「江戸わずらい」とも呼ばれた。これは江戸に白米食が普及したこととも関係していたであろう。諸国の侍などが、はじめて江戸に上った年の夏に多く見られた。

症状が揃えば、診断は容易だったと思われるが、病初期には「何となく体がだるい」程度であったろうから、結核との鑑別が容易ではなかったに違いない。

江戸時代の三大疾患

江戸時代の三大疾患といえば、おそらく痘瘡（とうそう）（天然痘）、結核、脚気の三つだったのではないかと考えられる。

痘瘡はウイルスによる伝染病であり、江戸時代には数年ごとに流行を繰返し、致死率も高く、治ってもみにくい痘痕を残した。幕末に種痘の普及につとめた笠原白翁の書き残したものの中に、年間の死亡者が三〇万と見えるから、当時の人口三〇〇〇万のほぼ一％に達し、その頃最大の疾病であったことは疑いない。しかし種痘の励行によって、次第に下火になり、十数年前、ＷＨＯによって世界の天然痘が絶滅したとの宣言が出されたことは、まだ記憶に新しい。

結核については、江戸時代の正確な統計はないが、人口の都市集中に伴って、そうとう蔓延していたことは想像に難くなく、多くの文学作品からその状況をうかがうことはできる。しかし結核が真に猛威を揮（ふる）ったのは、産業革命が進行した明治中期以降であって、ことに石川・福井両県など繊維産業の盛んな地域の若い女性を中心に、悲惨な状況が展開された。この状態は一九四五年の第二次大戦終結までつづいたが、公衆衛生の進歩と抗結核薬の普及により、いちじるしく改善されてきたことは周知のとおりである。しかし治癒困難な重症例は全国になお数万もあり、問題がすべて解決されたわけではない。

脚気の病因論

痘瘡・結核の二疾患が伝染病であり、かつ都市を中心として発症していることから類推して、同じく都会に多い脚気を伝染病とみる考え方は、江戸時代にもなかったわけではない。しかし原因は不明とされながらも、なんらかの栄養障害が関係しているのではないかと考える人も多く、大豆・小豆・黒豆などの豆類が治療に用いられた。これは、今日の眼からみても誤っていない。

一方、西洋医学（蘭学（らんがく））が導入されても、元来西洋には脚気という病気がなかったから、新しい知識がつけ加わるということはなかった。将軍家茂の死に際して、蘭方医（らんぽうい）伊東玄朴（げんぼく）らが登用されたが、なんらなす術（すべ）はなかったと伝えられる。

なお脚気は、幼児から中高年まで、ほぼむらなく罹患（りかん）する。また夏季に多く、冬季に少ない。こうした点は、感染説に有利なようにも考えられ、いっそう昏迷の度を深めた。

明治初期の脚気

江戸幕府が倒れ、明治新政府の世となっても、脚気(かっけ)は決して下火にはならなかった。痘瘡(とうそう)における種痘のような予防の決め手がなかったし、人口の都市集中が進めば、脚気の勢威はむしろ増加の傾向にあった。

明治天皇と脚気

『明治期における脚気の歴史』の著者山下政三氏によれば、時代の頂点に立った明治天皇も脚気に冒されていた。

『明治天皇紀』の明治十年七月十二日の記載によれば、この日はじめて脚部に浮腫のあるのが発見された。尿量の減少、下腹部の膨満も伴い、侍医(じい)ははじめ腎疾患ではないかと疑ったが、腎臓には異常がなく、脚気であると診断された。

ちょうどその頃、静寛院宮(せいかんいんのみや)(和宮(かずのみや)・十四代将軍家茂の妻)も脚気に罹患していたが、侍医たちの勧めで箱根塔の沢に転地した。しかるに病状悪化し、衝心のため九月二日にまだ三十二歳の若さで薨去した。

この事件のため、明治天皇は侍医たちや西洋医学に対し、不信感を抱くようになった。

この時の脚気は、十月初め頃には治癒に至ったようであるが、その後毎年のように、夏になると脚気症状を現わし、治癒に数ヵ月を要した。そこで侍医たちは建議して、「流行の巣窟たる東京に在らせられるのは、きわめて危険なので、宜しく転地したまわんことを」と奏上した。ところが天皇は、「脚気にかかるのは朕のみではない。国民多数が患っている。朕は転地できようが、国民全部を転地させられようか」と述べて、転地を許さなかったという。

西南戦争と脚気

明治六年（一八七三）征韓論で敗れた西郷隆盛は、故郷鹿児島に帰って山野に遊んでいたが、明治十年二月、「政府に尋問すべき筋あり」として、士族一万五〇〇〇を率いて北上を開始した。西南戦争の発端である。

政府軍は最初熊本鎮台を死守したが、四月以降逆襲に転じ、九月には反乱軍を鹿児島に追いつめ、西郷らは自殺し、戦役は終結した。七ヵ月に及ぶ激闘であった。

政府軍の総兵員は四万五八一九人、戦死四六五三人、負傷一万一六一五人と伝えられる。病者数は正確には把握できないが、施設に収容された人員は判明している（表1）。当然重複も考えられるので、全数は確かではないが、各疾患の傾向は察知できよう。戦中に流行したコレラが猛威を振ったことは明らかだが、脚気も入院数においてはほぼ匹敵する。死亡率は六・八二％で比較的高い。それ故、入院に至らなかった中・軽症の脚気が、これ以上に多かったことも推測される（当時の慣習に従い、死亡率を致死率の意味に用いる）。

戦争となると、消化器系の伝染病が多く発生して悲惨の度を強めるが、脚気もそれに劣らないほど多く、対策の重要性を政府首脳に訴えるものがあった。

脚気病院の設立

明治十一年二月二十二日、内務省から太政官に、脚気病院の設立が必要である旨の上申書が提出された。

「脚気ノ惨毒、恐怖スベキハ世人ノ熟知スル所ニシテ」で始まる格調高い名文で、その救済の途がないのは、人民にとって一大不幸である。よって金一万円ずつ向う五年間、ならびに設立費として八〇〇〇円を東京府に委託し、不足の分は府税から補充して、脚気病院を設立せしめようとの案であった。この伺いに対して太政官は、ただちに「お聞き届け相成り然るべきや」と返事し、大蔵省との折衝もすみ、三月十五日には内務卿大久保利通(としみち)の名で東京府に対し、「追て病院の場所撰定、建築の図面取調べ、早々申し出づべきこと」との通達が出された。今日の役所の感覚からは想像もできないほどスピーディな進展である。

この脚気病院の設立には、明治天皇の意志が強く働いていたらしい。

脚気病院設立のため、二万円の御手許金を差出したうえ、次のような天皇の談話が記録されて

表1　西南戦争における戦病入院者数

疾患名	大繃帯所	軍団病院	大阪臨時陸軍病院	合計
コレラ	279(13)	698(365)	887(482)	1,864(860)
腸チフス	231(61)	639(286)	161(69)	1,031(416)
赤痢	101 (8)	133 (40)	36 (9)	270 (57)
脚気	491(12)	880 (80)	461(33)	1,832(125)
梅毒	303 (1)	482 (2)	138 (0)	923 (3)
その他	4,113(55)	3,962(105)	896(42)	8,971(202)
合計	5,518(150)	6,794(878)	2,579(635)	14,891(1663)

注　(　)内は死亡数。

表2　明治12年の脚気病院成績

区別	患者数	事故退院	死亡数	全癒率(%)	治療患者数	治療軽快率(%)	死亡率(%)
第1区	52	3	8	63.5	49	83.7	16.3
第2区	52	1	4	84.6	51	88.2	7.8
第3区	57	2	8	64.9	55	81.8	14.5
第4区	58	20	1	53.4	44	84.1	2.3
第5区	19	1	4	73.7	18	77.8	22.2

いる。

朕聞く、漢医遠田澄庵なる者あり、其の療法、米食を絶ちて小豆・麦等を食せしむと、是れ必ず一理あるべし。漢医の固陋として妄りに斥くべきにあらず。洋医・漢医各々取る所あり。和法亦棄つべからず。宜しく諸医協力して其の病源を究め、其の治術を研精すべし。

かくて同年七月十日、旧英語学校を借用し、脚気仮病院が発足することになった。そのスタッフは、治療専任として佐々木東洋・小林恒・遠田澄庵・今村了庵、審査専務として池田謙斎・三宅秀、編輯専任として石黒忠悳、事務長として長谷川泰が任命された。

洋漢脚気相撲

治療専任委員のうち、佐々木・小林は洋方医、遠田・今村は漢方医である。すなわち当時最高の洋方医・漢方医の二人ずつが、治療効果を競い合うようになったから、世人は「洋漢脚気相撲」と名づけ、興味をもってその経過を見守った。

明治十二年二月には、本郷弥生町に本病院が竣工し、仮病院から移転している。

しかし明治十四年十二月には、なぜか脚気病院は打切りとなり、閉院している。

その間、明治十一年、十二年、十三年の三ヵ年については、報告書が刊行されている。そこで第一区とされているのは今村了庵の担当、第二区は小林恒、第三区は佐々木東洋、第四区は遠田澄庵の担当であったが、第五区は重症者の治療を遠田が拒否したので、佐々木東洋が引受けたものである。

表2に示すのは明治十二年の成績のみであるが、全癒率は洋方医（二、三、五区）の方が概して良く、漢方医（一、四区）の方があまりよくない。しかし山下政三氏の意見に従って、事故退院を除いて計算しなおすと、両者ともほぼ同様の成績で、有意差は認められない。明治十一年、十三年の成績もほぼ同様で、当時としては高い治癒軽快率を挙げている。

もっとも洋医といっても、小林恒は牛乳を大量に用いる食事療法を主としており、佐々木東洋もピルツ（黴）病因説を奉じてはいたが、対症療法を専らにしている。すなわち食事療法一本槍の遠田澄庵と、みな大差のない治療法を行っていたので、治療効果に差が出なかったことはむしろ当然であろう。したがって設立者の意図のように、どちらかが大負けに負けて退くというようなことはなかった。

海軍と脚気

脚気の多発

脚気病院も予期の成果を挙げずに閉幕したが、当時の要路が看過しがたい問題としたのは、軍隊、ことに海軍内の脚気の多発であった。

明治十一年（一八七八）より十六年に至る、海軍の患者数、罹患率、死亡数、死亡率を表3に示す。毎年ほぼ兵員の三分の一が罹患し、しかも死亡率が相当高い。もっとも患者が一度完治し、また発病した場合には二人と数えているから、罹患率は若干高目に出るが、大勢に影響するほどではない。

明治十五年（一八八二）、朝鮮事変が起きたとき、日本の艦隊金剛・日進・比叡などが仁川湾に集結し、清国の軍艦定遠・鎮遠らと対峙したが、日本の艦隊内には多くの脚気患者が発生し、戦闘能力は極度に落ちていた。幸いに開戦に至らずにすんだのでよかったが、もし戦端が開かれたら、日本海軍は大きな打撃を受けるところであった。

さらに十五年末に出港して、ニュージーランド、南米のチリ・ペルー、ハワイを周航して、十六年九月日本に戻ってきた練習艦龍驤は、乗組員三七六名中、一六九名が脚気で倒れ、うち二三名が死亡している。この事件も海軍首脳に強い衝撃を与えた。

高木兼寛の登場

のちに海軍軍医総監となる高木兼寛は、嘉永二年（一八四九）日向高岡に生れた。大工の悴であったが、志を立てて鹿児島に行き、蘭医石神良策の門に入った。維新の際は、薩摩軍に従って奥州各地に転戦した。

戊辰戦争で献身的に政府に協力した英人医師ウィリスは、明治政府のドイツ医学重視政策のために弾き出されて、鹿児島の医学校で生徒に教えていた。高木兼寛はここでウィリスから英語と医学とを学ぶ幸運に廻り遇った。

明治五年、兼寛は石神良策に呼ばれて上京し、海軍省には

表3　海軍における脚気患者数

年　次	新患者数	兵員数	罹患率(%)	死亡数	死亡率(%)
明治11	1,485	4,528	32.8	32	2.2
12	1,978	5,081	38.9	57	2.9
13	1,725	4,956	34.9	27	1.6
14	1,163	4,641	25.1	30	2.6
15	1,929	4,769	40.4	51	2.6
16	1,236	5,346	23.1	49	4.0

いった。海軍病院に勤務した兼寛は、入院の四分の三を占める多数の脚気患者に悩まされた。

明治八年、兼寛はイギリスへ留学し、セント・トーマス病院で実地臨床を学んだ。

明治十三年に帰朝した兼寛は、中医監（中佐待遇）となり、海軍病院長に任命された。脚気患者は相変らず多く、兼寛はロンドンでほとんど脚気患者を見なかったことを思い出した。

兼寛は本腰を入れて、脚気の研究に取組んだ。発生場所や住居、衣服などによって、発病が影響されることはなかった。しかし食物とは大いに関係があるように見えた。

脚気と炭素窒素比

脚気の発生率は、将校では少なく、下士官・兵卒では順次多くなり、囚人で最も高かった。その頃食事は金給であり、下士以下の水兵は一八銭、囚人はその半分であった。水兵たちは少しでも金を残そうと粗食に甘んじていた。こうした劣悪な食事が脚気の発生を促しているのではないかと兼寛は考えた。

兼寛は、食物に含まれる炭素と窒素の比率が、脚気の発生と関係のあることを見出した。蛋白質の少ない食事では、窒素が乏しいのであるが、窒素炭素比が一対二八くらいになると、脚気患者が多発するのであった。

高木医務局副長は、窒素と炭素の比を一対一五くらいまで引き上げること、言い換えれば蛋白質を増し、含水炭素を減らすことを主張し、そのためには兵食を洋食に切り換えるのがよいと提言した。

もっとも窒素炭素比の是正のためならば、必ずしも洋食にしなくてもよいわけであるが、ここにはおそらく遠田澄庵の米食有害説の影響があるのであろう。

しかし海軍当局はこの洋食案の採用には踏み切れなかった。それは費用が莫大にかかることと、水兵が洋食を好むかどうか疑問に思われたためであった。

しかし、高木兼寛は怯（ひる）まなかった。彼は前内務卿伊藤博文に会って、脚気問題の急務であることを訴え、伊藤の手引きで天皇にも拝謁して、持論の食物改良案を奏上した。

「筑波」の実験

明治天皇はかねて脚気に関心があり、遠田澄庵の説にも同情を寄せていたくらいであったので、高木の上奏に大きく肯（うなず）いた。

これによって自信を得た兼寛は、次の遠洋航海に出る練習艦筑波（つくば）に給食実験を行うこと、しかも、龍驤と同じコースを辿（たど）らせることを、海軍卿川村純義（すみよし）に強く迫り、ついにこれを承諾させたのである。

明治十七年二月、筑波は高木が作成したメニューに基づいた食料を積みこんで、品川港を出港した。

それは天皇や元老の伊藤をも巻きこんだ壮大な実験であった。もしこれが失敗したならば、高木は一死を覚悟していたであろう。

結果は予想以上の成功であった。筑波は二八七日の航海中、わずか一六名の軽症脚気を出したのみであり、死亡は一名もなかった。

森鷗外と脚気

脚気多発の状況は、陸軍においてもほぼ同様であった。明治九年（一八七六）より十七年（一八八四）までの推移を表4に示す。明治十一年に患者が急増しているのは、おそらく西南戦争の影響であろう。それ以後年によって消長はあるが、おおむね二〇％前後の罹患率で、海軍よりはやや低い。しかし死亡率はだいたい二％強で、海軍と似たようなものである。

陸軍と脚気

明治五年頃から陸軍一等軍医石黒忠悳（ただのり）は脚気に関心を持ち、『脚気論』なる書物を著した。それによると、身体の中に一種の有機体が発育して脚気を起こすと述べている。これは細菌学の勃興以前のことであるから、不可解な表現となっているが、のちには「一種の有機体」は細菌のようなものと考えるようになった。すなわち石黒は脚気細菌病源説の一人で、陸軍部内で彼の地位が上昇するにつれて、その意見は大きな力を持つようになった。

ベルツとショイベ

明治九年、二十六歳で来日し、東京医学校（のちに東京大学医学部）で教鞭を執ったベルツは、明治三十五年（一九〇二）の退官まで、日本の医学界で指導的立場にあった。彼は『脚気病論』の中で、「脚気はマラリアと同じく一種の熱帯病で、固有の細菌に因るものであることは明らかである」と述べ、はっきりと細菌説の立場に立っている。

明治十年（一八七七）に来日したショイベも、京都の病院に勤めながら、脚気の研究に励み、「病毒は主に囚獄兵営など衆人の雑居する処に存在して繁殖する」と説き、これまた細菌説に加担している。彼の脚気論は、六〇〇例に上る臨床観察と、二〇例の病理解剖を伴っているだけに、最も周密なもので

表4　陸軍における脚気患者数

年　次	新患者数	兵員数	罹患率(%)	死亡数	死亡率(%)
明治9	3,765	36,114	10.8	95	2.4
10	2,526	19,609	13.7	44	1.6
11	13,371	36,098	37.0	410	3.0
12	9,980	39,126	25.5	247	2.3
13	6,423	37,609	17.1	129	1.9
14	6,063	38,310	16.1	158	2.5
15	7,590	39,559	19.5	204	2.6
16	9,573	38,998	24.1	235	2.4
17	9,793	36,969	26.4	209	2.0

あったが、その病因論は推測の域を出ていない。しかしベルツと共に大きな影響力を持った。

森林太郎の出身

森林太郎は文久二年（一八六二）石見国（いわみのくに）津和野で生れた。森白仙の娘ミネと、養嗣子の静泰（維新後静男と改める）の間に生れた第一子であった。

明治五年（一八七二）、森静男は満十歳の林太郎を連れて上京した。静男は向島小梅村に家を借りて開業したが、林太郎はドイツ語習得の学校に通うために、陸軍大丞西周（にしあまね）の家に寄宿した。明治の先覚者西周も津和野の出身で、母ミネの従兄にあたる。

明治十年、林太郎は東大医学部本科に進み、同十四年、僅か十九歳六ヵ月で大学を卒業した。同時に卒業したものは二八名、首席はのちに東大の病理学の教授となる三浦守治であった。そのうち小池正直・菊池常三郎・谷口謙・賀古鶴所（かこつるど）などは陸軍にはいった。

林太郎の卒業時の成績は八番であった。文部省の留学候補になるためには、首席か次席かでなければならなかったから、この席次では可能性はなかった。

この不成績の原因として、試験前に肋膜炎にかかり、十分準備ができなかったこと、ドイツ人教師シュルツェに睨（にら）まれていたことなどが挙げられる。

鷗外の真の死因は肺結核と考えられるので、肋膜炎はその初発症状として重要である。肋膜腔に水がたまったとの記載があるので、肋膜炎として間違いあるまい。

ドイツ人シュルツェとの不和は、小池正直が石黒忠悳宛に書いた林太郎の推薦文の中に現れている。それによれば、林太郎の国粋主義がシュルツェの怒りを買ったらしい。

この文を読んだ石黒忠悳は、当時軍医本部次長で、小池の名文と、その友を愛する情に感心して、林太郎の採用を決めたという。しかし推薦状の日付は四月七日で、任官の辞令が出たのは十二月十六日であるから、人事はそう簡単には運ばなかったようである。林太郎の方にも、文部省からの留学になお執着があった。

　明治十四年十二月、森林太郎は陸軍軍医副に任ぜられ、東京陸軍病院課僚を命ぜられた。

林太郎の留学の夢

明治十五年二月、林太郎は関東・信越へ出張の旅に出た。徴兵検査に立会うことが主な任務である。満二十歳になったばかりの林太郎が、同年齢の農村青年の徴兵にどのような感懐(かんかい)を持ったのであろうか。私はそれを知りたいと思うのだが、厖大(ぼうだい)な鷗外全集にその片鱗すらも現れていない。

群馬県安中の旅宿で、皎々(こうこう)と冴えわたる寒月を仰ぎながら、林太郎はふと誦(くちずさ)んだ。

　羈官(きかん)われは飲ましむ寒山の馬
　得意の人は攀(よ)づ絶海の船

得意の人とは、林太郎と同期に卒業し、その後ただちにドイツに留学した三浦守治を指している。遠く海を渡り行く得意の友、それに対し、寒宿で馬に水をやっているしがない官人の自分。

海外留学に寄せる林太郎の執念はかくまでにすさまじい。

徴兵の旅から帰って間もなく、林太郎は軍医本部庶務課僚を命ぜられた。

或る日、林太郎は本部長室に呼ばれた。

林太郎と橋本綱常

当時の本部長は軍医総監の林紀（つな）であった。部屋には次長で軍医監の石黒忠悳と、軍医監で東大教授を兼任する橋本綱常（つなつね）が同席していた。綱常は有名な橋本左内の弟である。

綱常は大部の二冊の書物を林太郎に手渡して言った。

「これはプラーゲルのプロシャ陸軍衛生制度書といって、なかなか有益な書物じゃ。これを君に翻訳してもらいたい。公務の余暇に従事することについて、本部長ならびに次長の諒解を頂いている。できるだけ早く仕上げてもらいたい。」

林太郎は悦（よろこ）んで引受けた。

林太郎は上下二三〇〇ページもあるこの書の翻訳を約一〇ヵ月で仕上げてしまった。十六年の三月二十日、医政全書と題した一二巻の稿本を、石黒次長に提出した。

数日おいて、林太郎は橋本綱常の邸を訪問した。さんざん待たされた挙句、やっと帰宅した綱常に、林太郎は早速切り出した。

「噂によりますと、先生は陸軍卿大山巌（いわお）閣下の随行として、渡欧なさいますと承りました。その随員の一人として、この森をお加え下さいませんでしょうか。」

この依頼に綱常は困惑の色を示した。

「いや、そのことだが、随員はほぼ全員決っているのだ。」

再度押し返しての林太郎の頼みにも、綱常はついに首を縦に振らなかった。しかしプラーゲルを訳したこの熱意ある青年に、何かしてやらねば、との気持も兆（きざ）していた。

留学決定

明治十六年（一八八三）六月、独逸（ドイツ）国留学について陸軍省の上申書が提出された。それには森林太郎の名は記載されていないが、「東京大学医学部卒業」「軍医官に就職」「独乙（ドイツ）学ならびに普通医学充分」という条件がつけられていて、誰の眼にも林太郎を指すことが明らかであった。

約一年を隔てた明治十七年五月七日、林太郎のドイツ留学はついに決定をみた。

五月八日に築地の精養軒で、陸海軍軍医上長官協議会が行われた。その席で、海軍の高木兼寛と、陸軍の石黒忠悳が顔を合わせた。

石黒は言った。

「今度海軍では、新兵食による遠洋航海の実験をなさっているそうですが、どんな結果が出ますことか。私の考えでは、脚気というのは、黴菌（ばいきん）によるものだと思います。黴菌は不潔な空気中に生息していて、肺から吸いこまれ、全身に及ぶものです。そう考えると、今の兵営は造りがよくありません。空気が十分流通するように、またもっと日光がはいるように、改善しなければなりませんな。」

高木は微笑を浮べて答えた。

「それも結構でしょう。だが兵食を改良すれば、もっと少ない費用で脚気を防ぐことができますよ。」

だがこの時点で、練習艦筑波からの報告はまだ届かず、高木は内心不安に苛(さいな)まれていた。脚気の発生が少ないという筑波からの第一報は、五月二十八日に届いた。

二十二歳の林太郎を乗せたフランス船は、八月二十四日、横浜を出航した。筑波の第二報は、八月下旬に到着しているが、それを出発前の林太郎が知ったかどうかは明らかではない。

鷗外における脚気の意味

もちろん林太郎は、この筑波の実験に関心は抱いていたが、それは海外留学への期待と興奮の中にかき消されてしまっていたかも知れない。

この頃林太郎は、ベルツの教育からいっても、上司の石黒忠悳との関係からいっても、脚気の細菌病源説を信じていたに違いない。したがって脚気が食事の不均衡によるという高木兼寛の意見に、それほど大きな意義を認めていたとは考えられないのである。

そしてこの時以後も、林太郎はたびたび脚気に言及してはいるが、何故か常に論理に明確さを欠き、不徹底なものであった。林太郎がその科学的な信条に反して、石黒忠悳に阿(おもね)ったものかどうかは、今になって解く術もないことである。しかしいずれにせよ、脚気問題は鷗外の最大のウィークポイントであった。脚気問題に関する鷗外を扱った先学に、山本俊一・山下政三・吉村昭・板倉聖宣・志田信男などの諸家があるが、鷗外の全業績との関連の上でこれを取上げた仕事は、さして多くはないようである。私が「もう一つの実像」としてこれに照明を当てようとしたのもこの意味からであって、これによっていまだ見えなかった鷗外の中の或るものが見えてくるのではないかと、ひそかに期待しているのである。

ドイツ留学

西航の旅

明治十七年（一八八四）八月、森林太郎は西航するフランス船メンザロク号の甲板の上に立って、得意の気持を抑えることができなかった。

夢は長風に駕す

昂々いまだ折らず雄飛の志
夢は長風に駕す万里の船

林太郎は脳裡に浮んだ漢詩の一ふしをそっと誦んだ。

西欧に赴いて、近代文明発祥の地を自らの眼で眺めることは、林太郎の多年の夢であった。記録的な若さで医科大学を卒業した身を陸軍に投じたのも、西欧留学の機会のあることを期待したためであった。医官とはいえ、下積み官僚の単調な三年に耐えたのも、この夢のためであった。

今、同期のトップを切って、ドイツへの留学が実現した。魂はすでにエルベ河畔に馳せて、林太郎はその喜びを噛みしめていた。

留学の一行は林太郎を含めて一〇人であるが、医学を修めたものは四名である。片山国嘉は駿河の人、法医学志願である。隈川宗雄(くまがわむねお)は福島の産、小児科専攻、フランス語に長じている。長与称吉(ながよ)は肥前の人、痩せた大人しい人物で内科学を学ぶ。萩原三圭(さんけい)は土佐人で、普通医学を修めた年長の長者である。長い船旅の間に、お互いの会話は弾み、心は次第に結ばれていった。

香港における脚気

八月末に船は香港に寄港した。九月三日、林太郎は上陸して、英国が立てている病院を見学した。病院の規模はあまり大きくはない。兵士の入院は一〇名のみで、みなインド人だという。患者は熱症が多く、下痢患者がそれに次いでいる。ついで水上艇に乗って、巨船の一部を改造した浮動病院を見学した。ここにはイギリス人の病兵五〇人を収容している。駐留英兵は一二〇〇人の由なので、四%の罹病率である。梅毒、淋病などの花柳(かりゅう)病（性病）が多く、熱症がそれに次いでいる。インド兵とはやや病気の種類が異なっている。

林太郎が「兵隊の中に脚気のものがありますか」と質問すると、すぐ「めったにありません」の答えが返ってきた。

しかし翌日、林太郎は中国語の新聞を読んでいて「専治脚気」の広告を見出した。これからみると、中国人の間には脚気が相当あるらしい。もしイギリス軍の中に本当に脚気がないとすると、それは何を意味しているのであろうかと、林太郎は考えた。

林紀の思い出

九月十一日、船はシンガポールに着いた。大勢の子供たちが小舟でやってきて、銀銭を水中に投げよという。言葉どおりにすると、子供たちは海中に飛びこんで潜り、それを拾うのである。シンガポールも一八一九年以降、イギリスの手に落ちている。

ここからスマトラ島の北岸に沿い、マラッカ海峡を通過する。スマトラ島はオランダの所領であるが、土着民の抵抗が根強く、その戦いはまだ終っていない。

昔オランダ軍が、スマトラ北端のアチェを攻めたとき、わが林紀（つな）がこれに従軍した。林太郎は林紀の『闕珍（アチェ）紀行』を熟読していたので、この近くにさしかかって感慨深いものがあった。

林紀は明治十二年に陸軍軍医総監・軍医本部長になっている。林太郎が陸軍にはいった時の上司である。明治十五年六月、有栖川（ありすがわ）宮熾仁（たるひと）親王が訪露旅行の際、随行を命ぜられて、三たびヨーロッパの土を踏んだ。だがイタリアを経てフランスにはいった時、急性腎不全のためパリの地で急死した。享年三十九歳の若さであった。

林紀はもと林研海といい、幕末の名医林洞海の長子である。伯父の松本良順と共に、長崎でポムペに学んだ。文久二年（一八六二）、ポムペと共にオランダへ渡航し、明治維新に際し帰国した。明治四年より兵部省に入り、六年に陸軍軍医監となり、欧米出張を命ぜられた。アチェにおける従軍はこの時のことである。

当時アチェは土侯国の首府であった。オランダは反乱軍の拠点を攻略しようとしたのである。林紀の参軍は、オランダの侵略行為に手を貸したというよりは、熱帯における軍陣医学を体験し、同時に戦後の経済的発展に思いを致したものであった。

林紀の伯父松本良順は、林太郎の父静男の師であった。その縁もあり、林太郎は若くして逝ったかつての上司の死を悼んだ。

マルセーユ到着

船は洋々たる大海（ベンガル海）を西へ向かった。大波のうねりの間を、あたかも鳥のように飛魚の群が白い腹を翻して飛んで行くのを、林太郎は何度も望見した。

セイロン、アデンと船は泊りを重ねる。アデンも英国の植民地で、紅海の咽喉を扼している。赤茶けた山を背に、満目みな赤野、少しの緑も見ることはない。

十月一日、船はスエズ運河にはいった。運河の幅は狭く、巨船は擦れ違うことはできない。船はゆっくりと、運河の中を進む。岸の上を駱駝に乗って行く人々が見えた。時々旋風が起こり、砂を捲いて、数十丈の砂柱が立つ。

船はポートサイドから地中海にはいった。緑豊かなイタリー半島を望みつつ、コルシカ島とサルジニア島の間を通過する。コルシカはナポレオン一世の生地、サルジニアはガルバルジーの故郷である。林太郎は二人の英雄の波瀾の生涯を思った。

七日午後、船はマルセーユに着いた。だがなかなか上陸を許されない。夜に入って、海中にきらきら光るものがあり、金波銀波が海底から湧いてくるようである。なんらかの微生物の所為（せい）だという。七時すぎ、ようやく上陸してホテルに入り、ヨーロッパにおける最初の一夜を明かした。

八日午後、汽車でマルセーユを発った。一等車とはいえ、横臥するスペースはない。皎々と星月が冴えかえり、寒さが身に迫って眠るどころではなかった。

ベルリンに入る

翌朝十時、パリに着き、大学同期の佐藤佐と邂逅（かいこう）し、ともにオデオン座の芝居を見に行った。言葉はわからぬながら、仕草を見るだけで結構面白かった。十日午後八時、林太郎は汽車でパリを離れた。

十一日の朝七時、ドイツのケルンに着いた。周囲で語られる言葉はみなドイツ語であり、林太郎はほとんど理解することができた。林太郎はこれまでの聾唖の患いから解放されて、水を得た魚のような気持になった。

ここから汽車でベルリンに向かった。ツォー駅からブランデンブルグ門を通り、ウンテル・デン・リンデン大通りを少し東へ行き、左に曲ったところがシャドー街である。林太郎はその独帝旅館に泊った。

翌朝早く、佐藤三吉が訪ねて来た。佐藤は医科大学の一年後輩だが、年は五歳も上である。すでにベルリンに一年滞在していた。

佐藤は、この時ベルリンに滞在中の橋本綱常を訪ねようと林太郎を誘った。

数々の忠言

橋本綱常は大山陸軍卿の随行としてベルリンに来ていた。丁寧に挨拶した林太郎に、

「この国では、頭を地に近づけるような馬鹿丁寧な礼はせぬことだな。」

と戒めた。綱常は昼食を共にしながら、語った。

「政府が森君に托したのは、衛生学を修めること、ドイツの陸軍衛生制度を調べることの二つだろう。だが制度を調べるには、相当の予備知識がなくてはならない。またそのために別に派遣する人があるはずだ。だから森君は専心衛生学を修めるがよい。」

この忠言は、学問に専念したい林太郎の心に叶った。

翌日、林太郎は橋本に導かれて、大山巌陸軍卿を訪ねた。大山は背が高く、顔に痘瘡の跡がいっぱいある人物だったが、声は女性のようにやさしかった。

「軍服は君、止した方がよいぞ。ここでは余り人に目立つことはよろしくない。」

と諭された。

また青木周蔵公使にも会った。青木は長州の出身で、妻はドイツ人と聞いた。青木が、

「君は何を勉強に来たのかね。」

と訊くので、林太郎が、

「衛生学を修めることになっています。」

と答えると、青木は濶達に笑って、

「衛生学か。それを勉強するのはよいが、国へ帰って実行するのはむずかしかろう。足の指に下駄の緒を挟み、人前で鼻糞をほじる民に、衛生学は要らぬものじゃ。学問とは本を読むことだけではない。欧州人の生活はどうか、考え方はどうかなどをよく観察して行けば、それだけで洋行の手柄は十分じゃろう。」

翌日、また橋本綱常に会い、衛生学を学ぶ順序を訊ねた。

「まずライプチヒに行って、ホフマンに就くがよい。次にミュンヘンのペッテンコフェルを師とせよ。最後にベルリンのコッホに細菌学を学ぶがよい。」

と教えられた。

日本兵食論

工業都市ライプチヒ

ライプチヒは、ベルリンの南約一五〇キロにある大都市である。林太郎は十月二十二日午後二時半にベルリンを発ち、五時半に着いた。船旅を共にした萩原三圭が出迎えに来た。萩原は二度目の留学で、ドイツには馴れており、すでにライプチヒに来ていた。

林太郎は翌日すぐホフマン教授を訪ねて、就学を申し込んだ。ホフマンは栄養学に造詣(ぞうけい)の深い、温厚な背の高い人物だった。林太郎は、大学の衛生学部に聴講生として通うことになった。

下宿はタール街のウォールという未亡人の家の二階に決めた。朝食つき月四〇マルクである。昼食と夕食は、リイビヒ街のフォーゲルという老婦人の家で取ることにした。月五〇マルクである。大学もリイビヒ街にあるので、好都合だった。

ここで食事する仲間に、ルチウスという二十五、六歳くらいの女性があった。いつも黒い服を着て、顔に憂いを帯びている。林太郎は何となく心惹かれるものを感じた。

ライプチヒは工業都市である。大工場の煙突が林立して、煤煙が空を蔽っている。林太郎の下宿に近いヨハンネス教会の鐘が七時を報ずる頃、弁当を持った工員や小学生が窓の外を急ぐのが見えた。林太郎は九時頃に大学へ出かけた。昼間は大学での聴講と英語の勉強にあて、夜はドイツ詩人の集を繙(ひもと)くのだった。こうして平凡だが活気に満ちた、規則的な留学生活の日々が流れて行った。

海軍の成功

その頃、故国日本では、脚気の予防に関して画期的な進展があった。

十一月十六日、遠洋航海を終えた筑波が品川沖に戻って来た。「洋食」を給せられた乗務員からは、脚気の重症者は一名も発生しなかった。

筑波の軍医長青木大軍医によってまとめられた記録が、海軍省医務局長高木兼寛に提出された。それによると、全航海中に一五名の脚気患者が発生しているが、いずれも軽症で間もなく回復している。その一五名のうち、肉をまったく口にしなかったものが八名、コンデンスミルクを嫌って飲まなかったもの四名が含まれている。高木兼寛は、彼らが定められた食事を摂(と)っていれば、脚気の発生はもっと少なくなったはずだと考えた。

だが困ったことに、米食に馴れた水兵たちのうちには、パンや肉を嫌うものが少なくなかった。

かつ洋食は、費用の点からいって、全海軍に及ぼしにくい難点があった。そこで高木は、大麦を混合した主食を与えることにし、明治十八年三月から漸進的に実施に踏み切った。高木によれば、大麦は米よりも蛋白質が多く、窒素対炭素の比を高めることができるはずであった。

軍隊にはいれば白米を食えることに楽しみを覚えていた水兵たちが、麦飯を嫌って暴動を起こしはしないかと心配していたが、不満はさして大きなものではなかった。高木があらかじめ多くの兵に向かって脚気予防の効果を説得していたのと、筑波の実験の成功などで示された実物教育の成果が大きかった。

こうして、表5に示すように、明治十七年から十八年にかけて、海軍の脚気は大幅に減少した。十八年の脚気による死亡はついにゼロになっている。これは統計がとられ始めてからはじめてのことであった。

しかし高木のこうした脚気予防説が、医学界に広く受け入れられたわけではなかった。

高木説への反論

明治十八年四月、『大日本私立衛生会雑誌』に東大御用掛の緒方正規が「脚気病菌発見の儀」という論

表5　海軍における脚気患者数

年　次	新患者数	兵員数	罹患率(%)	死亡数	死亡率(%)
明治16	1,236	5,346	2.3	49	4.0
17	718	5,638	1.3	8	1.1
18	41	6,918	0.6	0	0

文を発表した。これは脚気の病原菌に対する最初の具体的な報告で、北里柴三郎などの疑問表示もあったが、多く世人の視聴を集め、緒方は間もなく教授に昇格した。東大医学部にはベルツをはじめ、脚気細菌説を是認する空気が強い。

同年七、八月には、東大教授大沢謙二の「麦飯ノ説」と題する長大な論文が『大日本私立衛生会雑誌』に発表された。

それは麦飯の消化がよくないことを強調して、麦の蛋白質は米の三倍も不消化で、同量の麦から体内に吸収される蛋白質は米よりはるかに少ないから、米飯の代りに麦を食えというのは、まったく無意味だと力説していた。

高木はこれまでの成果から、自説の正しいことを信じていたが、こうしばしば東大から反対説をぶつけられると、基礎的な実験の不足を感じた。

高木は、すでに着手していた動物実験を強化した。六匹の犬を三匹ずつに分け、三匹には米飯を、三匹には麦大豆混合食を与え、一年余にわたって経過を観察した。米飯群のうち二匹は死に、一匹は生存していたが挙動不活発だった。麦大豆組の三匹は生存し、体重はやや減少していたが、挙動は活発であった。最初は粒麦（まるむぎ）を与えたために、糞中に不消化物が多く出たが、挽割（ひきわり）麦に代えたところ、不消化物は少なくなった。これによってみれば、麦飯は米飯よりも多少不消化であるにしても、健康を維持するに十分な栄養が摂取できると高木は判断した。

このほか高木は、海軍の囚人についても実験を行い、米麦混合食を与えることによって、毎年六、七〇人発生していた脚気患者をゼロにすることに成功した。囚人はふだんから粗食に耐えているので、水兵のように食べ残しはほとんどなかった。これによって炭素対窒素の比を三二から二〇に引き下げることができ、それとともに脚気も消滅したのだった。しかも脚気以外の一般患者も、約八分の一に激減した。食事の改善、窒素量の増加は、脚気以外の病気にも好結果をもたらしたのである。

『日本兵食論』着手

こうした海軍の兵食改善と、それに伴う脚気患者の減少は、もちろん陸軍軍医本部も承知していた。しかし石黒忠悳はこれを偶然の集積と考え、本来の細菌説を改めようとはしなかった。これらの経緯は、石黒の手によって逐一ドイツの林太郎のもとにも通知されてきた。そして最新の衛生学を修めつつある林太郎に、意見を求めて来たのだった。

十二月十五日、林太郎は久しぶりにベルツと顔を合わせた。ベルツは休暇をとって、故郷のライプチヒに帰って来たのである。その夜ベルツの招きで、ホフマン教授や、やはりライプチヒに帰って来ている講師のショイベと、林太郎は酒食を共にした。話題は当然、脚気と高木のことに及んだ。

二月十七日、林太郎はショイベ講師を訪ねて、栄養学の書物を何冊か借りた。ショイベは永く日本に滞在し、日本人の食事に関する研究をまとめた人である。林太郎はその研究を土台として、『日本兵食論』と題する独文の著述に着手したのだった。

『日本兵食論』はそれほど長い文章ではないが、内容に密度の要求される科学的論文をドイツ語で書くことは、抜群の語学力を持つ林太郎にとっても容易ではなかった。最後の筆を置くまでに約一〇ヵ月を要している。

日本人の栄養　——二つの見解

第一章の当初において林太郎は、

日本人の栄養については、二つの見解が鋭く対立している。一部の論者は、主として米から成る日本人の食事を不十分なものとし、その体格の貧弱さを古来から受けついできたこの栄養に帰し、さらに進んで精神的な貧しさまでその所為(せい)にしているものさえある。しかし、より日本に通暁している他の論者は、日本人の食事を十分なものと見なし、また日本人、殊に車夫などが示す驚くべき行動力を、米食の結果と考えている。ヴェルニッヒは前者の意見を、日本で長年月を過したベルツやショイベは後者の意見を代表している。

日本自身においても、旧来の食事の組成についての疑問が広汎にまき起こっており、ヨーロッパ的栄養方式を一般的に導入しようとする宣伝が熱心に行われている。海軍は数年前よりヨーロッパ式給食を行っており、陸軍にもこれを導入しようとする声が高い。

私がここで明らかにしようと思うのは、次の二点のみである。

一、日本陸軍にヨーロッパ式の兵食を導入するには、多大の困難がつきまとうこと。

二、若干の手軽に実行しうる改良によって、日本陸軍の兵食は近代科学の要求に十分適合せしめうること。（拙訳。以下、明記のないものは同じ）

このように、林太郎はまず日本の食生活に対する外国人の二つの意見を掲げることから『兵食論』をはじめた。日本人の食事に対する批判的見解（ヴェルニッヒ）と肯定的な見解とを並べ、後者を賞揚することによって伝統的な日本食を擁護しようとした。その根底には、海軍に西洋式食事を導入しようとする高木兼寛に対する反感が横たわっていたことは疑いない。

第二章「日本人の栄養についての一般論」で、林太郎は再びショイベの論文を取り上げ、「記憶さるべき重要性を持っている」と賞讃する。日本に長く生活したショイベは、米飯が驚くほど大量に摂取されることを強調し、また大豆製品（豆腐・味噌・醬油）が蛋白源として重要なことを特記している。

米食擁護論　第三章で林太郎は、「日本食に対して向けられた非難には根拠のないこと」を力説している。

莫大な人口を有する中国とインドを含む東アジアの住民は、よく知られているように何千年も米を主食としてきた。神秘的な闇に包まれた先史時代から、日本人は米をもって自らの身を養ってきた。日本民族の二つの主要な特徴、個人的な勇気と戦争に巧みなことが、二五〇〇年も「不十分な」栄養を取りながら保持されてきたのは、一体どういうわけか不可解というべきである。

ここには「愛国主義者」森林太郎が顔を出している。栄養的にそれほど不完全な米を主食としてきたならば、とっくに日本民族は滅亡していてよさそうなのに、依然として勇気があり、好戦的なのは何故かと反問する。

多くの人が日本食の蛋白質不足を指摘する。しかしフォイトが説いた蛋白質の必要量は、ドイツの労働者に対するものであり、日本人の体格の小さいことを考慮すれば、およその六分の五でよいはずである。

また日本食の第二の難点、脂肪の不足についても、ショイベが回答を見出している。窒素を持たない脂肪と炭水化物は、互いに取り換えうる栄養素である。したがって日本人が摂っている多大の炭水化物は、体内で脂肪に転換されているのである。

だがここで林太郎は大きな誤りを犯している。それは時代の制約によってやむを得ない面もあるが、脂肪と炭水化物は必ずしも常に置換されうる栄養物ではない。今日では両者ともにそれぞれ価値ある栄養素であることが明らかになっている。

高木説批判

第四章に至って、はじめて「海軍軍医監高木」の名が現れる。ここで林太郎は、公然と高木に牙を向ける。

高木軍医監は、日本海軍にヨーロッパ式兵食を導入した功労者であるが、米飯に代うるに麦の飯をもってすることを提案した。その根拠は、大麦の方が米よりも蛋白質の含有率が高いからというのである。

従来の日本では、麦飯は主として貧民の食事であった。ただ擦りおろした山芋をかけた麦飯が、都会人の間に嗜好品として賞用されることはあったが。ところが高木氏の提案が世に知られて以来、瞬時にして東京の大麦の消費量が増大し、その市価も著しく上昇したのである。

林太郎が皮肉をこめて書いた最後の数行は、明治十八年九月六日付の『読売新聞』の引用である。林太郎がいろいろの材料を故国から送ってもらっていたことがわかる。

わが日本人は最高の精力的な努力によって、できるだけ早くヨーロッパの科学の利点を実用に供するので、日本では古くから伝わってきた習慣を改変する提案が活発に導入され、新しい提案の検証はしばしばずっと後になって行われるということを、ここで指摘しないわけにはいかない。数百年間よしとして行われてきた風俗や習慣には、何か良い核心があるに違いない。さもなければそんなに長く続くはずはないということを、忘れてはなるまい。

これは常識的な意見である。多くの場合、常識には正しいことが多いのだが、ここでそれが正しいといえないのは、高木の意図を正確に汲みとっていないことによる。『日本兵食論』には「脚気」という病気がまったく取り上げられていない。そのために麦か米かの撰択が、蛋白質の問題にすりかえられている。

林太郎はさらに大沢謙二の麦の消化吸収に関する論文を採って、高木説への武器とした。たしかに麦の蛋白質含量は米より多いが、消化吸収は米の方がよいので、同量の蛋白質を摂取するのに米の一・五倍の麦が必要であると、大沢は主張している。しかし米の消化吸収について、大沢は自分の実験によらず、リュープネルの成績に依存している。また高木は米麦混合食を用いているのに、大沢は麦飯単独で実験している。したがって大沢説にも危険はあるのだが、林太郎は全面的に信頼してしまっている。

のちに（明治十九年）ドイツに来た品川弥二郎公使が、林太郎に麦飯の利害を訊ねた。

「この頃は、参議などの高官でも、麦飯を食う者が多いよ。」

との品川の言葉に、林太郎はすぐ大沢の論を引いて、高木説を攻撃した。

「いや、麦飯は消化によくありませんから、米の飯を捨てて麦飯にする理由はまったくありません。」

東大教授の説なるが故にそれを信じようとする事大的な傾向から、林太郎は終生離れることが

表6　陸軍士官学校の食事

食　品	1食分(g)	1日量(g)	蛋白質(g)	脂肪(g)	炭水化物(g)
米　飯	548	1,750	48.25	2.10	586.88
他の食物	75.7	757	34.82	11.57	35.56
総　量		2,507	83.07	13.67	622.44

できなかった。

日本兵の給食

日本兵の給食に関する第五章は、林太郎自身の調査に基づいているかのように見える。林太郎はのちに日本に帰ってから、

「ライプチヒに居た時に、かねて日本で調べておいた日本陸兵の食物に関した事を書いて、ミュンヘンへ行ってからそれを雑誌に載せてもらいました。」

と語っているから、日本にいた明治十六年（一八八三）頃、多少日本の兵食について調べたことは事実であろう。しかしそれも論文の中で触れているように、エイクマンの分析に頼るところが多かった。

林太郎は陸軍士官学校の一日の食事について、表6のような分析表を出している。だがここで不審なのは、米飯以外の食物として、一食分七五・七グラムとしながら、一日量を七五七グラムとしている点である。一食七五・七グラムなら、一日量は当然二二七・一グラムとなるはずである。どちらかの数字に誤りがあるのであろう。森鷗外は数字に弱かったという風評があるが、あるいは事実かもしれない。

この表による陸軍士官学校の一日の蛋白質は約八三グラムである。一方、フォルスターによって計算された蛋白質の必要量は、平時の兵営において一〇一グラムである。その差は一八グラムもある。この不足を埋める具体的な方策は、この論文中に見出されない。

しかもこれは陸軍士官学校における食事であり、一般兵営における給食がこれよりも良いはずはない。したがって一般兵食における蛋白質の不足はより深刻な問題である。その改善が容易に進むとは考えられないのである。

ついで林太郎は、兵食を洋風に切り替えることに対する障害に触れる。まずパンの需要については、日本では一七六万トンのパンを生産することができるので、軍隊用の四万六〇〇〇トンのパンはあまり問題がないと言い切る（しかしこの計算についてはおかしい点がある）。ついで食肉については、日本には現在三万二二六三頭の牛がいるが、これから生産される食肉は一万四一六〇トンである。これに対し二〇万の軍隊が要する食肉は、一日二〇八グラムとして一万四八七六トンを要し、とうてい賄い切れるものではないと結論している。

自由貿易論の立場に立てば、ヨーロッパ風の食事に必要とされる食肉は輸入すればよいと提議されよう。しかし日本人の愛国者は輸入の結果、自国が外国に依存する度合の高まることを望みはしないであろう。家畜の増加量をいちじるしく高めるためには、数十年の日子が必要であろう。

と林太郎は「愛国者」らしく付け加える。

「日本兵食論大意」

明治十八年（一八八五）十月十日、林太郎が石黒忠悳のもとに送った「日本兵食論大意」なる文章がある。この論文は翌年『陸軍軍医学会雑誌』に発表された。名称の類似から、この「大意」は『日本兵食論』の抄訳として扱われがちである。しかしその内容を仔細に検討すると、その相違は決して少ないものではない。

「日本兵食論大意」では、陸軍で西洋食を採用しがたい理由の第一として、

食制ヲ変革スルコトハ五千ノ海兵ニ行ヒ易ク、五万ノ陸兵ニ行ヒ難シ。

と主張している。ここには「五万ノ陸兵」とある。ところが『日本兵食論』では「二十万の陸軍」と記しているのである。

五万という兵数をドイツ人に対して明らかにすることは、当時の事情として困難であったのかも知れない。しかし「二十万」とはあまりに水増しした数字である。科学論文としてほとんど立論の基礎を失いかねない誇大な数字である。

次に「大意」の方には、

試ニ統計表ニ拠テ算スルニ、全国の麦類ヲ以テ悉ク蒸餅（パン）製造ノ用ニ供スルモ、僅ニ需要ノ三分ノ一ナリ（算法之ヲ略ス）。

と記されている。これは『日本兵食論』において、「パンは軍隊の需要を満してあまりある」と

述べているのと大きな相違である。

また食肉については、「大意」では牛の頭数を記さず、「人口一万ニ付、牛二十九頭ナリ」と述べている。当時の日本の人口を三五〇〇万人とすれば、牛は一〇万頭以上となる。五万の陸兵に一日二〇〇グラムの肉を与えるとすれば、三六五〇トンの食肉を要し、これは牛八三〇〇頭に相当する。これくらいなら十分国内産の牛でも賄えたのではないか。

要するに林太郎の計算は、パン・牛ともに杜撰で取るに足らず、しかも両論文がくい違っているのだから、ほとんど取るべきところがない。

最後に、『日本兵食論』には高木兼寛の名が出てくるが、「大意」の方にはまったくその名が現れないことを指摘しておこう。

かくのごとく、国内向けの論文と国外用の論文とは、全然その性格を異にしている。同一の主題に対してそうした使い分けができるということは、林太郎の多才を示すものかもしれないが、科学者としての誠実さに疑いを挟まないわけにはいかない。

表7　日本兵食の見取図（平時在営の分）

食　品	重量(g)	蛋白質(g)	脂肪(g)	炭水化物(g)
米(炊飯)	650	45.50	2.15	486.20
魚	220	33.66	12.10	—
豆　腐	200	16.38	6.16	—
味　噌	60	6.05	—	11.24
合　計		101.59	20.41	497.54

両論文がほぼ一致しているのは、『日本兵食論』の第八章、「日本兵食の見取図」に関する部分だけである。

日本兵食の見取図

そのうち平時の在営兵卒一人一日の食物表を表7に掲示する。ただしこの表のほかに生野菜一〇〇〇グラム、塩野菜三〇〇グラム、醤油七〇グラム、砂糖五グラム、茶二〇グラムを与えるとされている。

これでみると、蛋白質の総量は一〇二グラムとなり、ほぼ理想に近い。しかしそのためには、毎日、魚二二〇グラム、豆腐二〇〇グラムを給しなければならず、これはかなり実情を離れているといわなければならない。もし魚肉に代えるに牛肉をもってすれば一六〇グラムを要し、魚肉・豆腐ともに牛肉に代えるとすれば二三五グラムを要するという。これは費用の点からいって、さらに実現困難であろう。

またこの見取図で、脂肪は依然として貧しいが、林太郎は含水炭素と互換性があるから心配ないとしている。これも現代の栄養学では、かなり問題となる点であろう。

さらに強調しなければならないことは、「大意」において、林太郎が「米食ト脚気ノ関係有無ハ余敢テ説カズ」と、脚気問題を回避している点である。『日本兵食論』が脚気にまったく触れていないことはすでに述べたが、これはドイツ向けの論文としてはやむを得なかったにしても、日本語の論文においても、現在焦眉（しょうび）の急務となっている兵食と脚気との関係を頬被（ほおかむ）りのまま通すことが、はたして妥当といえるのであろうか。上司石黒忠悳の意を迎えるのにあまりに急であったとの印象を押えることはむずかしいであろう。

日本家屋論

ザクセンの首府ドレスデン

明治三年（一八七〇）の普仏戦争の結果、ドイツ帝国が誕生し、プロシャ王ウィルヘルム一世がドイツ皇帝の位に即いた。林太郎がドイツにあったのは、宰相ビスマルクの声望が一世を蔽い、独帝の威がようやく重きを加えた頃であった。

だがライプチヒからドレスデンのあたりはザクセン王国の領域で、なおプロシャとは異なった組織と雰囲気を保っていた。

明治十八年（一八八五）五月十二日、ザクセン軍団一等軍医ヴュルツレルと共に、林太郎はライプチヒより汽車でドレスデンに向かった。東方へおよそ一二〇キロ、約三時間の行程である。菜の花が一面に続き、大地は金を布いたような光景である。だがヴュルツレルは、「石油の用途が開けてから、菜の花はずっと減った」と語った。

ドレスデンはザクセン王国の首府で、壮麗なツヴィングル、レジデンツの両宮殿がある。林太郎のこの旅行は、負傷者運搬演習の見学のためであったが、同時に美術館でラファエロの「システンナのマドンナ」を鑑賞することができた。またザクセン軍団の軍医監ロートを訪問した。ロートは鬢髪ことごとく白い、濶達な武人であった。

さらに八月二十七日より約二週間、ザクセン軍団の秋期野外演習に参加して、ライプチヒ東南の平原を駆け廻った。

十月十一日、林太郎は滞在一年に及んだライプチヒを去って、ドレスデンに居を定めた。ドレスデンは、橋本綱常が指示した三つの就学地にはいっていない。ただ林太郎としては、この地で開かれる冬期軍医学講習を聴講したかったのである。

冬期軍医学講習

十月十三日から軍医学講習が始まった。朝七時半より夕方七時まで、ぎっしりと実習と講義がつまっており、なかなか有益であった。林太郎は下宿をエルベ河に沿った、アウグスツス橋畔の未亡人バルトネルの家に決めた。ここはレジデンツ宮殿に近く、ほぼ街の中心地といってもよい。

十四日夜、林太郎は軍医監ロートと僧院大通りの酒店でビールを酌み交した。酒間にロートが妙なことを言い出した。

「この間、松本と橋本から手紙を受け取った。ところがその間にかなり食い違いがある。松本は軍医総監、橋本は軍医監で、松本は橋本の上司ではないのか。それだのに意見の相違があるのは不審だ。それに橋本の手紙はベルリン訛りが強く、ベルリンで生れ育ったものでなければ書くことができない。橋本はそれほどベルリンと縁故が深いのか。」

林太郎は答えた。

「たしかに松本良順は、橋本綱常の上司であります。しかし橋本が帰国して間もなく、松本は軍医本部長を辞め、現在は橋本が本部長の職にあります。したがって橋本の独自の判断が加わる余地はあるわけです。」

「ああ、そうか」とロートは頷いて、

「橋本は大山陸軍卿に随行していたんだな。なるほど陸軍卿随行というのは、人の羨む地位と見える。」

「それから橋本はドイツ人の秘書を雇っております。その手紙を書いた人は、おそらくベルリン生れなのではないでしょうか。」

これは後日、その通りであることが判明した。

ドレスデン滞在中は、自分の実験は必要ないので、生活に多少余裕を生じた。林太郎はその時間を軍医仲間との交際にあてた。なかでも軍医マイヤーやヴィルケ、その従兄弟の弁護士ヴィルケとは親交を結んだ。

十二月二十三日、林太郎はライプチヒを訪ねた。別れに際して林太郎の写真を求めた黒衣の人ルチウスに、クリスマス休暇には戻ってくると約束したためである。

林太郎はルチウスや、家主の娘ニィデルミュレルに歓迎されたが、大晦日の夜、引き留められるのを振り切ってドレスデンに帰った。〈今別れなければ去る時がなくなってしまう〉と考えたからであった。

宮中年賀会　明治十九年（一八八六）一月一日、林太郎は年賀のためザクセン王宮に赴いた。アルベルト王は終始直立して、礼を受けていた。濃紫の袴をつけた小姓が、両側に侍立して瞬きもしないのが奇観だった。

宮中の舞踏会に出席すると、宮女の中にたしかに見たことのある顔があった。やがてこの人が、「お忘れですか」と言葉をかけて来た。林太郎はたちまち思い出した。秋期野外演習の際一泊した、デョオベンの古城の城主の六人の娘のうちの一人、イイダ姫であった。このことは後に小説『文づかひ』の題材となった。

一月三日には故国日本から石黒忠悳の手紙が届いた。開いてみると、

「君は軍事を学ぶことに多くの時間を費してはならない。普通衛生の一科に集中すべきである。」

と書かれていた。林太郎は暗然たる気持ちになった。おそらく何人かが、林太郎の行状を悪く石黒に報告したのであろう。これは五月に負傷者運搬演習、八月に秋期演習に参加したことを指しているに違いない。油断してはならないと林太郎は思った。

地学協会での講演

一月二十九日、林太郎は地学協会において「日本家屋論」と題する講演を行った。これはロートの紹介によるもので、未知の国日本への好奇心も手伝って、会場は満員の盛況であった。

「日本の現在は、革新と改良の時代であります。こうした努力は、公衆衛生の領域にも拡がっております。西洋風の栄養や衣服と同様、西洋の様式に則った建築の変革が、時代の主要課題となってきております。」

と林太郎は、まずこの講演の現代的意味を強調した。日本の家屋も西洋化されなければならないかと、聴衆に問を投げかけたのである。

「日本では従来木造建築のみがほとんど唯一の建築様式でありましたが、東京では一〇年前から煉瓦による建築が始まりました。またこれまで主として貧民の住居でありました長屋建築が、いくつかの都市、たとえば神奈川・大阪などで、衛生上の基準によって規制を受けることになりました。現在、首府東京の都市改造計画が、内務省の手で検討されております。この改革案は、衛生学的見地から高木兼寛・松山棟庵などの衛生学の権威から、熱烈な支持を受けております。」

ここで高木兼寛の名が出たことにより、この「日本家屋論」の執筆の動機が、高木の都市計画案に対する反感からであることがわかる。高木の意見は、どのようなものであったか。

それは『大日本私立衛生会雑誌』一八号と二〇号に、「裏屋ノ建設ハ衛生上及経済上ニ害アリ」「東京衛生事務ノ拡張ハ市区ノ改正ヲ要ス」の二論文として発表された。

裏屋というのは、いわゆる裏長屋を指していると思われる。こうした零細な建築には、衛生上有害なことが少なくない。しかし裏長屋の住民も、好きこのんでそんな環境に居住しているわけではあるまい。それを改善するにはどうしたらよいか。

高木は、府内の税金を高くし、府外の税金を安くすれば、貧民は自然に府外に退去するであろうと説いた。また都心において平家建築を少なくし、三階・四階の高層を奨励していけば、必然的に地価は高騰し、資力のないものは郊外に赴くだろうとも論じた。

高木の説は、資本主義の本質に忠実な議論であるが、貧しいもの、弱いものに対しては苛酷な意見となっている。したがって林太郎がこれに反発したのも、理解できる一面がある。

「日本のこれまでの長屋は、都市住民の貧しい階級のために建てられた、横に長い、兵営のような、二階もしくは平家建の建物であります。長さは大体三・六メートル、幅は二・七メートルくらいで、その中に押入や炊事場（すいじば）がついております。この狭い中に、しばしば六人以上の家族が住んでおります。」

さすがに高木説に対する直接の批判はないが、そうした長屋の住民を追い立てるべきではないという林太郎の気持は、推察できそうである。

日本家屋の利点

林太郎はそこで一転し、昂然と主張する。

「東京において、一戸に居住するのは平均四人にすぎません。しかしヨーロッパの諸都市では、少なくとも八人（ロンドン）、多いところでは五〇人（ウィーン）を収容しております。

ある程度まで居住環境と相関関係にある衛生指標として、国民の平均死亡率が挙げられます。東京の死亡率は一八七八年から八〇年にかけて二四・四‰でしたが、ヨーロッパ大陸の平均値は二五・七‰に達しています。居住環境が大きく影響するものとして小児死亡率が知られております が、最新の調査によりますと、東京で全死亡人口の二六・五%を占めております。この値はロンドンの一五・五%よりは高いものの、ベルリンの三〇〜三五%、ミュンヘンの四〇%に比べれば、はるかに優っております。」

このように林太郎は胸を張ったが、当時の東京の死亡率がヨーロッパより低かったかどうかは疑問である。明治十年代の日本では、まだ正確な人口統計は取られていなかった。もっとも産業革命の完成したヨーロッパの結核の死亡率は、当時の日本より高かったであろうが。

まして小児の死亡率が、ベルリンやミュンヘンより低かったとは、いっそう信じられない。ここでは全死亡者に対する小児死亡の割合が問題とされているが、これでは正確な小児死亡率とはいえない。ここには一種の数字の魔術があるようである。

しかし林太郎は一段と声を励して、

「以上のことから、東京ないし日本の衛生状態は、全体として良好と判断されます。私はこれを居住環境の利点に帰せしむべきものと考えます。日本建築の合理的改善には、地盤の衛生状態の刷新と、廃棄物処理の全国的な組織化が進められなければなりませんが、この課題は、現在の諸利点、特に家屋がかなり離れて存在する利点を保持することによってのみ達成されると考えております。

ところがこれに反して、日本の権威者は、狭い面積に多数の人間を収容するために、高層建築の開発を提唱しています。ヨーロッパで人口の分散が考えられているときに、日本では人口の集中化が問題となっています。こうした集中化は、当局が財政的な基礎によって、地盤改良等の衛生的事業範囲の縮小に努めているとしか説明できません。したがって私は、新しい日本の首都の全体像が、今日本人が夢想しているような石造高層建築によって占められることは、必要悪と見なすことに傾かざるを得ないのであります。」

最後に至って林太郎は、高木兼寛の所説に痛切な皮肉を浴びせかけている。

ところで「日本家屋論」の中に、もう一つ触れなければならない問題が残っている。

脚気の頻度

林太郎は、日本家屋の一典型として、父静男の小梅の診療所兼住宅を挙げ、詳細な間取りの説明も行っている。そのあとこの診療所を訪れた患者の数から、当時の千住地区の住民の各種疾患の頻度を計算している。これを表8に示す。もとより正確な統計ではないが、当時の病気の状況の一斑は察せられるであろう。なお当時の千住地区の人口は一万五〇〇〇人、そのうち二〇六〇人の病人が三年間に、森静男の診療所を訪れたという。

表8　千住地区の各疾患の頻度

病　　名	患者数	全患者中の比率(%)
腸チフス	31	1.5
脚　気	44	2.1
コレラ	34	1.6
マラリア	17	0.8

ここで脚気の多いことは、やはり注目に値するものがある。しかも特筆すべきことは、腸チフス、コレラ、マラリアなどの群の中に脚気を入れていることである。鷗外は脚気伝染病説を本気では信じていなかったという人もあるが、少なくとも明治十九年頃にこれを信奉していたことには、疑う余地はないと思われる。

ロートとの交情

明治十九年一月十九日は、林太郎の第二〇回目の誕辰(たんしん)であった。軍医監ロートは、「今日君の誕生日を祝いたいが、あいにく時間が取れない。明晩、私の家まで来てくれないか」と林太郎に言った。

翌夕、林太郎がロートの宅に赴くと、すでに二〇人ほどの人が集まっていた。そしてロートやウィルケやマイヤーからの贈り物として、ビール盃一蓋、村の女と牡牛の置き物一個、ケーニヒ著『ドイツ文学史』などが贈られた。『ドイツ文学史』は文学に関心の深い林太郎へのロートの心遣いで、巻頭にロート自作の詩が書き込まれていた。

はるかに年長のロートの温情に、林太郎はしんみりとした心地になった。それからビールに歓をつくして、深夜に家に帰った。

三月七日には、林太郎の送別会が催された。席上ロートは自作の詩を誦しながら、突然嗚咽して止まらなくなった。林太郎も異郷での人生の哀歓に触れ、涙を流した。

「自分は君を、ザクセンに来た外国医官の一人として見たのではない。君は実にわが良友である。別れても時に安否を報せよ。」

とロートは、林太郎の手を堅く握りしめて言った。

その夜九時、林太郎は汽車でドレスデンを発ち、ミュンヘンに向かった。

ナウマン論争

林太郎がドレスデンを離れる前日、地学協会でナウマンの「日本の地と民」と題する講演があった。

ナウマンの講演

ナウマンは一八五一年、ザクセンに生れたが、明治八年（一八七五）日本政府の招きで来日し、開成学校で教鞭を執った。のち内務省の地質課、農商務省の地質調査所に移り、当時まだ未熟だったわが国の地質学の指導に当り、全国各地の実地調査に従事した。明治十八年契約の期限が切れると、政府は高給の外国人を淘汰する方針に従って、再契約を結ばなかった。せっかく自分が企画立案した地質調査事業から締め出されたことに、ナウマンは不満を抱いたといわれる。だが彼の名は、その発見したナウマン象によって今も記憶されている。当時ミュンヘン大学の非常勤講師を勤め、まだ三十五歳であった。

ナウマンはまず日本で過した一〇年余の歳月を回顧し、美しい日本列島を讃えた（以下ナウマン講演の要旨は小堀桂一郎氏の訳文による）。

「四つの大きな島の最北のえぞでは、今もなおアイヌという、温厚であるが毛深い、狩猟と漁業で生計を立て、下層民に位する種族が住んでいる。彼らは先史時代には日本列島全体にひろがっていたが、のち次第に朝鮮経由で侵入してきた民族によって、北方へ追い上げられて行った。」

これを聞いて、林太郎の眉がピクリと動いた。民族の誇りを傷けられたように感じたのだった。その不満は、ナウマンが開国の経緯に触れたとき、いっそう昂（たか）まってきた。

「外国からの不断の圧力がなかったとしたら、通商条約の締結は実現しなかったであろう。……この国は内から開国したのではなく、外からの力で開国させられたのである。日本は次第に激しくなってくる諸外国の通商への要求に屈したまでであり、それも決して流血沙汰なしには成就しなかった。帝（みかど）の政権が回復したとき、人々は国家組織を新たに編成する必要に直面した。このとき西欧の諸制度をそのまま輸入模倣する以上に好都合なことがあったろうか。無批判的模倣という原則は今もなお一般に通用している。」

日本の弱点　さらにナウマンは日本の弱点を誇張して描き出した。

「日本の婦人は結婚のさいに、あるいは丁年（ていねん）に達した証拠に、眉を剃りおとし、歯を黒く染める。これは容貌を損ねるし、子供が六歳になるまで乳を飲ませるために、老けこむことも早い。家康の法律は、諸侯と旗本に、八人もの側室を認めている。

　日本人は非常な体力と耐久力を有しているにもかかわらず、我々の観点からすれば粗末な食餌を摂っているのが眼につく。主食は米で、それに卵、魚、蕪（かぶ）、薯（いも）などが加わる。

　衣服の材料は木綿か絹である。奥地では人はほとんど裸で歩いている。身体の清潔を保つために、しばしば熱い湯にはいる。しかし下着や衣服は著しく汚く、伝染病や寄生虫の発生はおびただしい。盲人の数は多く、彼らが巧みにマッサージを営むさまは、我々の眼には異様に映る。」

ナウマンの日本紹介が進むにつれて、林太郎は飲食も味を覚えぬようになった。

「王政復古の頃、日本人は一艘のスマートな蒸気船を購入した。一通り航海術の訓練を受けた日本人が乗りこんだ。最新船は威勢よく煙をあげて外洋へ出て行った。船が帰港したとき、人々は機関の動かし方は習っていたが、その止め方を習わなかったことに気づいた。そこで船は港内をぐるぐる廻り、機関が自然に停るのを待つほか方法がなかった。

　私は寛仁な聴衆諸賢が、日本が船と同じような悲運に陥らないことを、私と共に願って下さることを切に希望するものである。」

演説は終り、林太郎の憤慨は頂点に達した。ナウマンがみずから信じていない作り話を述べたことは明白だった。明治維新の何年も前から、日本人は蒸気船を操縦している。止める技術を習わないなどという馬鹿なことがあるはずはない。だがどうして反駁したらよいのか。招請演説に反論は許されないのだ。

ロートが林太郎の傍らに来て肩を叩いた。「君どうした。ひどく顔色が悪いぞ。ナウマンの話が気に入らないのか。僕などには大体もっともなように聞えたがね。」

林太郎の反撃

ロートのような有識者さえ、ナウマンの論に同調するのを知って、林太郎の憂悶はいっそう強くなった。

協会長がナウマンに対して謝辞を述べた。ついでロートが立って、ミュンヘンからわざわざ来た労をねぎらった。

ナウマンは立ち上って答辞を陳べた後で、

「私は長い間東洋に居りましたが、仏教には心惹かれませんでした。仏教では、女性には心がないと言っております。私が仏教に傾かなかったのはそのためであります。」

それを聞いて林太郎は、好機が来たと思った。記念講演には反論できないが、酒間の雑談には反駁することができる。林太郎はすかさず会長に発言の許可を求めた。「在席の方々よ」と林太郎は流暢なドイツ語で話し始めた。

「私が拙(つたな)いドイツ語で皆様に聞いて頂きたいのは、次のことであります。私は仏教国の人間です。ただ今ナウマン氏は、仏は女性に心がないといっていると申されましたが、それには一言言葉を挟まないわけにはいきません。仏とは何でしょうか。悟りを開いた人という意味です。仏教の経文の中に、女性が成仏した例は数多くあります。悟りを開くとなれば、どうして心がないことがありましょうか。おお貴婦人方よ。私は仏教信者のために無実の罪を雪(そそ)ぎ、私が貴婦人方を尊敬することが決してクリスチャンに劣らないことを証明したいと思います。願くは、女性の美しい心のために乾盃(かんぱい)いたしましょう。」

一座はどっと湧き、しばらく喝采(かっさい)のざわめきが静まらなかった。

一等軍医のウェルスは、夫人とともに林太郎の席の近くに来て、「家内はすべての婦人と共に、あなたの演説に感謝します」と言った。ロートも笑みを含んで、「リンタロ、なかなかやるじゃないか」と叫んだ。フィンランドから来ている軍医のワールベルヒは、

「反駁したのはごく少部分だが、その他の部分も妄説ではないかと人々に疑わせたのは、大成功だった。君は日本のために雪辱したよ。」

と感想を洩(も)らした。

大都ミュンヘン

ミュンヘンはドイツ南部の大都市で、バイエルン国の首府である。ドレスデンの西南約四〇〇キロ、オーストリアとの国境にも近い。まだ田園都市として

の雰囲気を残していた。

林太郎は、下宿をホイ街に定めた。大学衛生部にごく近く、すこぶる便利である。しかもテレジア牧場の緑を透して、バイエルン神女の巨大な像を望むことができた。

ミュンヘンへ来てから林太郎は、侍医岩佐純の息子の新、画家の原田直次郎、法律家加藤弘之(ひろゆき)の息子の照麿などと付き合うようになり、行動を共にすることが多かった。

ミュンヘンはその頃、ルドウィヒ二世の治世であった。若い頃は明君の誉れが高かったが、その後精神を病み、しきりに宮殿の工事を起こして国費を浪費するので、政府はウルム湖に近いベルヒという城に王を拘束していた。

六月十三日の夜、王は侍医グッデンと共に湖畔を逍遥(しょうよう)していたが、急に湖の中にはいろうとした。グッデンは必死に止めようとして、王の襟首(えりくび)を摑(つか)んだ。だが王の力が強かったのであろう。次第に深処(ふかみ)にはまって行く王を、グッデンはなお追跡し引き止めた。グッデンの死体の手指は傷つき、面上には王にかきむしられた跡があった。グッデンは精神病医として名のあった人で、最後まで職責に忠実であったことを死体の傷が語っていた。

その日林太郎は、加藤・岩佐と共にマクシミリアン街の酒店で、葡萄酒(ぶどうしゅ)を飲んでいた。翌日の新聞で王の非命の死を知り、強い衝撃を受けた。

二週間ほどして林太郎は、岩佐・加藤とウルム湖畔を訪い、国王とグッデンの遭難の跡を尋ね、愴然（そうぜん）と両者の死を悼（いた）んだ。

その後も林太郎はしばしばウルム湖を訪ね、その風光を賞した。小説『うたかたの記』は画家原田直次郎をモデルとし、それにルドヴィヒ二世の死を配したものだった。

巨匠ペッテンコフェル

林太郎がミュンヘンで師事したのは、衛生学の大家ペッテンコフェルであった。

林太郎がロートからの紹介状をさし出すと、一見して笑みを浮べ、林太郎に手をさしのべた。

「君は日本人緒方正規（おがたまさのり）を知っているかね。緒方は私のもとで勉強して行った。なかなかの努力家で、私は彼を愛した。君も緒方のようになるとよいね。」

その頃のドイツの医学界には二人の巨人がいた。ミュンヘンのペッテンコフェルとベルリンのコッホである。この二人ほど対蹠（たいしょ）的な人物は珍しい。ペッテンコフェルは豪放磊落（らいらく）、大局を直観的に摑み、老いてなお人と活発に談笑した。コッホは細心緻密、学究肌で容易に人に心を許さなかった。ペッテンコフェルは衛生学の始祖であり、コッホは細菌学の開拓者であった。

やや後年のことになるが、コッホがコレラ菌を発見したとき、ペッテンコフェルはそれをコレラの病源と認めなかった。コッホから分けてもらったコレラ生菌を、ペッテンコフェルはコップ一杯の水に溶かして飲んだが、軽い下痢をしただけでコレラには罹（かか）らなかった。だが今では、コッホが発見したコンマ状の細菌がコレラの病原菌として広く認められている。ただ生体側の条件によって、発病しないこともあり得るのである。

林太郎はのちにコッホにも師事するのであるが、二人の人物を比較して、人間としてはペッテンコフェルの方に惹かれると述べている。林太郎の性格はコッホの方に近いと思われるが、人はもしかすると、自分に遠い性格の方に惹かれることが多いのかもしれない。

林太郎は衛生学部の一角に一室をもらい、「ビールの利尿作用について」、「アグロステマン・ギタゴの有毒性とその解毒について」などのテーマで実験を始めた。後者は飼料にまざって存在する或る植物の実の毒性についての研究である。日本人にはあまり役立ちそうもない研究であるが、おそらく教室のテーマだったのだろう。

反ナウマン論

その後ナウマンは、ドレスデンでなした講演とほぼ同趣旨の文を、ミュンヘンの新聞『アルゲマイネ』紙に掲げた。林太郎は、新聞は影響するところが大きく、一講演の比ではないので、これに対しては反論を書かねばならないと思った。

九月に、林太郎はウルム湖畔のレオニイに残暑を避けながら、反ナウマン論を書いた。林太郎はそれを師のペッテンコフェルに見せた。

十二月に林太郎はペッテンコフェルに呼ばれた。

「君から預った反ナウマン論は読んだ。君はこれを持って、アルゲマイネ新聞の編集局に行くがよい。編集長のブラウンは私の友人で、悪いようには扱わないだろう。」

ペッテンコフェルは親切にも、林太郎の独文を添削し、ブラウンへの紹介状も認めてくれた。数日後、ブラウンから返事が来て、掲載するという。十二月二十九日に「日本の実状」という文が新聞に載った。

日本の原住民たるアイヌについて、ナウマン氏は、彼らが日本人に軽蔑され、半未開人として拘禁されているという。彼らは日本人の間で特に尊敬を受けているわけではないが、日本政府は温情をもって彼らに接し、種族の発展を助成している。

「日本人が非常な体力と耐久力を有するにかかわらず、粗末な食餌を摂っている」とナウマン氏は言うが、彼の栄養に関する考え方は正しくない。栄養の価値はもっぱら人体が消化し吸収する栄養素の質と量にかかっている。日本人の食事について興味を持たれる方は、シヨイベの『日本人の栄養』や私の『日本兵食論』を参照して頂きたい。

「日本の奥地では、人はほとんど裸で歩いている」とナウマン氏は述べたが、日本には「膝より上の下肢を露出すれば罰金をとられる」という法律があるのを、彼は知らないのであろうか。

「日本では肌着・衣服が不潔なため伝染病が大幅にひろがっている」とナウマン氏は言うが、これはいかなる統計に基づくものであろうか。一八八〇年から八三年の間に、伝染病および風土病（たとえば脚気）による死亡例は、全死亡の六・六％であり、同期間のザクセンにおける急性伝染病の死亡例が九・九％であったことを知れば、ナウマン氏の意見に賛成するわけにはいかない。

さらにナウマン氏は「盲人の数が多く、彼らが巧みにマッサージを営むさまは異様に映る」と書いている。私は残念ながら日本における盲人の数を挙げることはできない。しかし何故ナウマン氏が日本で多くの盲人を街頭で見かけたかはよくわかる。日本では盲人が街頭で仕事を見つけられるから、外へよく出て行くのである。

日本の風俗の一例として、ナウマン氏は結婚した婦人が眉を剃り、歯を黒く染める習慣に言及した。だが彼は、そうした風習は最近ほとんど見られなくなったことを、付け加えて言うべきだった。また彼は、婦人が子供を六歳になるまで授乳するために早く老けこむことも語った。「六歳まで」というはっきりした年限がどこからきたか、私にはまったく謎であるが、自分で授乳することはむしろ誉められてよいことであろう。

家康の法律に、諸侯や旗本に八人の側室を持つ権利が認められたと言っていることは、読者に異様な印象を与えたであろう。だが家康は徳川家の始祖で、現在の政府とは何の関係もない。日本人は古くから一夫一婦制を守ってきた。今日本で側室を持っているのは例外的であり、そういう人物は有徳者とは認められていない。

ナウマン氏はまた「日本は内から開国したのではなく、外から開国させられたのである」

と言っている。それは事実である。日本はいつも受身の立場に立って、外来の文化を受容してきたのである。この努力の方向は今日も変っていない。将来の文化の担い手が何百人も、ヨーロッパ（特にドイツの大学に）来て学んでいる。日本人はヨーロッパの文明の価値を、あるがままに評価するだけの知性は十分具えているのである。

林太郎のナウマン批判は、比較的高く評価されることが多い。その愛国的動機にしても賞讃する人が少なくない。

ナウマン論争の価値

しかし公平に客観的に眺めるならば、林太郎の反論が十分論理的ということはできない。ナウマンは一〇年の滞日の間に、しばしば奥地に旅行し、日本の民衆の姿を観察している。一方、林太郎は、山陰の田舎から満十歳で上京して以後、徴兵検査にかかる二度の出張のほかは、ほとんど東京から離れていない。中流の知識階級の家庭に育ち、交際の範囲もまずその枠内に留まっている。どちらが真の日本をよく知っていたであろうか。

アイヌに対し、政府が温情をもって彼らを助成しているといっても、その言葉が空疎に響くのをいかんともなしがたい。「日本の奥地では、人はほとんど裸で歩いている」というナウマンの言葉に、法律をもって反駁しているのも、笑止なことである。法律がしばしば実状と隔っているのは、昔も今も変らない。その頃、車夫や農民が往々にして裸であったのは、決して例外的な現象ではなかった。

日本には伝染病が多くないと、林太郎は統計を使って論じている。しかしこれも全死亡中の比率だけでは、ほとんど意味がない。やはり各疾患ごとの人口に対する比率を出さなければ、本当の議論にはならないであろう。

日本に盲人が多いことは、シーボルト以来しばしば指摘されている。日本では街頭に生活の手段があるから眼につくだけだという林太郎の理論は、遁辞(とんじ)にすぎないであろう。

最後に林太郎は、ヨーロッパに追いつこうとする日本の懸命(けんめい)の努力を訴えているが、ここは最も読者に訴える力のある部分であろう。しかしヨーロッパで真面目に日本に関心を寄せている人（ナウマンもその一人と思われる）が、むしろ心配していたことは、皮相なヨーロッパ化によって、日本の真の良さが失われて行くのではないかという点ではなかったろうか。この点について、林太郎は何も答えていないのである。

ベルリンの憂愁

明治二十年（一八八七）四月四日、ミュンヘンにおける実験をほぼなし終えた林太郎は、ベルリン行の希望をペッテンコフェルに申し出た。

ベルリンの印象

四月十五日夜、林太郎は汽車でミュンヘンを発ち、翌日ベルリンに到着した。十七日に谷口謙の下宿を訪ねた。谷口は林太郎の同窓だが、口に蜜あり腹に剣ある小人と、林太郎は思っている。共に動物園のあたりを逍遥してから、珈琲店(コーヒー)にはいった。濃い化粧をした娼婦が数多く群がっている。妖艶な美形もないことはないが、その面上には何ともいえぬ暗さが漂っている。ベルリンには公娼というものがない。青楼(せいろう)といった施設もない。それらがないから、珈琲店が娼婦の巣窟(そうくつ)となっているのである。

翌日また谷口謙と連れ立って、乃木希典(のぎまれすけ)・川上操六(そうろく)両少将をその客舎に訪問した。

乃木は長州の出身、頭の大きい長身の人で、儼然と威儀を正し、ほとんど口を利かない。川上操六は薩摩の出で、枯木のように痩せていて、談論風発、非常に頭のよい人物との印象を林太郎は持った。

川上操六・北里柴三郎

「橋本綱常、あれは単なる医者だ。技術はしっかりしているのだろうが、それだけの人だ。石黒忠悳は達者な男さ。よく切れるし、遊泳術も巧みだ。使い方によっては、陸軍のために大いに役に立つ。緒方惟準(おがたこれよし)はあまり頭のよい人とはいえないな。それに決断力が乏しくて。」

川上が陸軍軍医部の内情に通じていることは、驚くほどであった。さらに、

「もし赤十字加盟国の間に戦争が起きたならば、日本の軍医もそれに気を配らなければならない。そうした国際的な視野を持った人物が、陸軍軍医の中にどれだけいるかね。森君や谷口君のように、語学も達者で海外知識を身につけた人が、もっと陸軍にはいってほしいものだね。」

と若い二人に嘱望(しょくもう)の意を洩(も)らした。

四月二十日、林太郎は北里柴三郎と共にローベルト・コッホの教室を訪ねた。北里は肥後熊本の人で、東大の卒業は林太郎より三年遅いが、年齢はすでに三十五歳になっている。内務省衛生局からドイツに留学、すでにコッホのもとで細菌学を学びつつあった。北里の紹介で、コッホは

林太郎に手をさし伸べたが、容易に人に心を開かない謹厳さが窺われた。コッホはこのとき四十四歳、すでに脾脱疽菌、結核菌等を発見し、鬱然たる大家であった。三年前からベルリン大学の衛生学教授をつとめ、同時に衛生学研究所の所長であった。林太郎はこの衛生学研究所の細菌学の研究生となることを申し入れた。同期生の隈川宗雄もすでにコッホの教室にいた。

武島務の運命

翌日、林太郎は道で三等軍医武島務に会った。武島は埼玉県秩父の出身で、家は代々漢方医であった。明治十八年、医師の資格を得て陸軍にはいった。私費留学の命を受けたのは、明治十九年十月、二十四歳の時である。そのとき武島はすでに妻子を持っていたが、長男・次男はあいついで幼くして没した。この頃乳幼児の死亡率は高かったとはいえ、二人の幼児の連続死には、結核の存在が強く疑われる。武島務は、日本出発時すでに結核に侵されていたのかもしれない。

次男の死に耐えて日本を発ち、明治二十年一月にベルリンに着いた武島は、思わぬ悲運に遭遇した。務の姉の再婚相手が山師で、無謀な仕事に手を出して大きな損失を招き、彼に用立ててあった多額の金が回収不能に陥ったのである。実家の武島家には、抵当に入れる物件さえ残っていなかった。

この頃、私費留学生はたいてい月五〇円くらいの仕送りを受けて生活していたが、それでは日本人の体面を保てないと心配する向きもあった。武島の場合は、この五〇円の送金も滞り、家賃も払えない状況にあった。

ベルリンには日本の公使館があり、そこには公使館付武官福島安正大尉がいて、留学生の取締りに当っていた。もちろん林太郎も取締られる方の一人だった。

或る日、谷口謙が笑いながら言った。

「僕は福島大尉とは親密なんだぜ。ちゃんと彼には身の廻りの世話をする人をあてがっているんだ。」

六月の末に、北里が林太郎に囁(ささや)いた。

「おい、武島が帰朝命令を受けたぞ。今帰るなら、帰りの旅費を出してやるが、拒むなら一切面倒を見ないという話だ。」

「そうか、心配していたことが事実になったな。何でも谷口が福島に取り入って、武島のことを悪く言ったそうだ。このままでは、日本人全体の面汚(つらよご)しになるとか、あることないことを吹き込んだらしい。」

「本当か、時に石黒閣下が近くこちらに来られるそうだな。」

「石黒さんが来られたら、谷口の言を信用されるのかどうか、聞いてみたいと思う。」

「そうか。しかし効果があるだろうか。」

苦労人の北里は首を傾(かし)げた。

勉学にいそしむ林太郎は、北里や隈川と時に顔を合わせ、週末に郊外を散歩するくらいしか楽しみがなかった。ドイツ人と盛んに交際したドレスデンやミュンヘンとは、すっかり雰囲気が変っていた。

石黒のベルリン到着

石黒忠悳は七月十七日ベルリンに到着し、林太郎や谷口の出迎えを受けた。石黒は当時四十三歳、世界赤十字社総会に出席するのと、欧州の衛生施設視察を兼ねての外遊であった。林太郎の身辺は俄(にわか)に騒々しくなった。

林太郎が石黒にどのような取りなしをしたのかは明らかでないが、武島は二十年（一八八七）八月ついに免官の処分を受けた。

武島は免官され、故国からの仕送りをまったく断たれても、在留邦人の通訳をしてでも食い繋ぎ、ドクトル試験に合格するまで頑張ると、強気の姿勢を変えなかった。この武島のことを林太郎は、「性強硬屈せず、言論、慷慨愛すべし」と日記に書きつけた。

石黒の方も、免官後も武島に対する接触を断ちはしなかった。明治二十年から二十一年にかけて、武島務の名は石黒日記にしばしば現れ、明治二十一年六月には、「武島ニ三十マルク貸与ス」と見えている。

しかし武島の運命は好転しなかった。

ドクトル試験には合格し、帰国を目前にしながら、明治二十三年五月、ドレスデンで客死した。

おそらくは肺患を根底に持ち、米塩の資をえるために肉体を酷使したための挫折であったろう。小説『舞姫』は、恋愛体験は林太郎自身のものであろうが、免官になるなどの外面的な事情は、ほとんど武島務の経歴を借りてきているといってよい。

カールスルーエの活躍

明治二十年九月十六日、石黒忠悳、林太郎、谷口謙の一行は、汽車でベルリンを発った。世界赤十字社総会に出席するためである。

ドイツ中央部の古い街ウェルツブルグを通って、フランスとの国境に近いカールスルーエに着いた。バーデン大侯国の首府で、赤十字社総会の開催地である。日本赤十字社の代表は子爵松平乗承で、林太郎はその通訳ということになっている。一方、日本政府代表は石黒忠悳で、その通訳が谷口謙であった。

会議は九月二十二日午前十時、各国の代表委員会によって始まった。特別の議題もないので、林太郎は大意を松平乗承に伝え、賛成起立せしめた。

その帰り途に、一人の巨大漢が林太郎に近づいて来た。顔は赤く、髪は白く、容貌魁偉、昔の阿羅漢を思わせた。

「君らは日本人か」と問うので、「然り」と答えると、「自分はオランダ人ポムペである」と名乗った。

「おお、新医学を日本にもたらした、かのポムペ氏ですか。」

「然り。」

「あなたの弟子の松本良順は健在です。私の父は松本良順の門に学んだものですから、あなたの孫弟子になります。」

林太郎は早口にそのことをポムペに告げた。

二十三日、午前十時に総会が始まった。この日、消毒法を軍隊に勧める議案が出た。林太郎は日本陸軍がすでにこの法を用いていることを報告した。

二十四日も総会の続きである。この日、赤十字社は各国政府の承認を必要とするとの議題が出た。これについては賛否両論があって、議論は紛糾した。

二十五日は中休みで、バーデンバーデンの古城へのエキスカーション（遠足）があった。帰りの汽車の中で、林太郎はポムペと並んで坐った。ポムペは笑いながら語った。

「森君の容貌は、昔オランダに来た林紀(つな)君とよく似ている。林君は女性問題をひき起こし、自分も困ったものだ。森君には、林君のようなことはないのでしょうな。」

林太郎は苦笑するのみであった。林太郎が日本におけるポムペの往年の偉業を讃えると、ポムペは眼を閉じて三〇年前を回想した。

「いやいや、それも歴史の一こまに過ぎないよ。私が教えたようなことは、今では誰でも知っている。しかし当時としては、いろいろ困難な問題もあった。」

林太郎は幕末の混乱期に、真の科学を日本に移植しようとしたポムペの功績は、永久に消えないだろうと考えた。

二十六日の総会には、また重要な提議がなされた。それはオランダ赤十字社の提案で、ヨーロッパ大陸以外の戦争で、相手国が赤十字未加入である場合に、援助を与えるべきか否かというのである。これは眼中ヨーロッパ人のみしかない不謹慎な議題であると林太郎は思った。そこで石黒の同意を得て、

「本問題は、ヨーロッパ諸国のみが援助すべき側に立つと想定した議論ではありませんか。こうした主張に、日本委員は同調することができません。もし決を採るなら、日本委員は賛否の外に立つことになりましょう。」

と発言した。その後、議論百出して、その日のうちに解決に至らなかった。

翌二十七日もこの議題が続いた。林太郎は、

「日本委員は、昨日述べた意見を維持します。本題を国際会議に出そうとするならば、或る大陸の赤十字社は他の大陸の戦においては、と字句を改めるべきでしょう。もしアジア以外で戦争がありましたならば、日本は救助に力を尽すことを惜しむものではありません。」

と演説した。場内に「ブラーボー」と叫ぶものがあった。ポムペは林太郎の傍に来て肩を叩き、無言で笑いかけた。

結局この提案は採決を保留し、次回総会まで延期された。

次に赤十字の基礎を定めたジュネーブ条約を軍隊に知らしめる方法が議論された。林太郎はあらかじめ用意してきたプリントを会場で配り、日本陸軍がすでにジュネーブ条約に注釈を加えて、士卒に配付した事実を報告した。後進国日本の意外な進展ぶりに、各国委員の中に動揺が起こり、驚嘆の声が揚った。

こうした林太郎の活躍により、日本は大いに面目をほどこして、赤十字総会は成功裡に終った。会場を去る際、石黒は林太郎の手を握り、「感謝感謝」と言った。

隊付勤務の問題

十一月十四日、林太郎は石黒忠悳の口から、橋本軍医総監の意向を聞いた。森の洋行は事務取調を兼ねている。帰朝の前に、ドイツ軍の隊付医官の勤務をしなければ、陸軍省に対し体面が悪いのではないかというのである。だが林太郎は、ドイツに着いて間もない頃、当の橋本綱常から、衛生学を修めること、ドイツ陸軍の衛生制度を調べることの二任務があるが、後者は別に人を派遣するので、君は専心衛生学を修めよと言われている。その言葉に従って衛生学の勉強に打ちこんで来たが、留学期間も僅かになってから、隊付医官の勤務をしなければならないとは何事であろうかと、心に激するものがあった。しかし表面には出さず、

「林太郎はいかなる命令にも従います。意見を述べる立場にはありません。」

と答えた。石黒は満足して肯いた。家に帰って、ちょうど来た小池正直の手紙を披(ひら)くと、

「森君をドイツの軍隊に入れ、谷口をもっぱら石黒の補佐に使いたいというのが、橋本局長の本心である。あるいは谷口の画策かも知れぬ。例の陰険家の事ゆえ、万事に注意せよ。」

と書かれてあった。その後に来た弟篤次郎の書簡には、

「臆病者ハ固(モト)ヨリ石君ト好カラズ。ソハ性行全(マッタ)ク相反シ、一ハ厳粛(ゲンシュク)小胆ニシテ学術ニ秀(ヒイ)デ、一ハ敏捷(ビンショウ)人ヲ愚ニシテ事務ニ長ズ。況(イワ)ンヤソノ地位ニ関シ大ニ悶着(モンチャク)アリシ由……、石君ハ忽(タチマ)チ家兄ヲ得テソノ才力ヲ伸張セシムレバ、橋ヲ圧スル難キニ非ズト、全力ヲ尽シ引キテソノ羽翼タラシメント計レリ。」

と橋本・石黒の確執が伝えられている。

ここで注意すべきことは、篤次郎が橋本を臆病者と呼び、好意を表していない点である。おそらく林太郎の内心も同様だったろう。橋本綱常はこれまで林太郎に厚意をもって接しているが、それに対して林太郎は冷い眼で橋本を眺めていたようである。

とはいえ橋本が、当初衛生学を専攻せよと言いながら、途中その意見を曲げたのは、おそらく陸軍省内の意向に従ったのであろうが、やはり優柔不断との批判を蒙っても仕方のないことであった。

明治二十年の晩秋に、林太郎は「日本における脚気とコレラ」なる独文の論文を執筆中であった。十一月四日、『ドイツ医事週報』の編集者グッドマンに、林太郎は、横浜にいる米人シモンズの文に対する反論の掲載を頼み、その承諾を得た。

日本における脚気とコレラ

シモンズは安政六年（一八五九）日本に渡って来た宣教師兼医師で、ヘボンと共に神奈川で病人の治療に当り、明治二十二年に日本で没している。ここで林太郎が批判しようとするシモンズの文というのは、『ドイツ細菌学中央雑誌』に載った抄録文で、原文はアメリカの医学雑誌に載った論文である。抄訳であるから、当然誤訳や要約の不適切があり得るわけであるが、林太郎はまったく顧慮していない。

「日本における脚気とコレラ」は次のような前書きで始まる。

アジアの温帯・熱帯地域において、年々数千人以上の犠牲を要求している脚気とコレラという二つの著名な疾患が私の短い論考の主題である。前者は猫をかぶって待ちぶせしている陰謀家のように、静かに忍び寄ってくるし、後者は攻撃的な憤怒の発作のように、どんな抵抗をも無効にするような強烈な破壊力をもって、突然激しく襲ってくる。

この前書きをみると、林太郎はこの二つの病気を同等の重みをもって扱うことを意図していたように見える。だがこの意図は実現しなかった。

比較的慢性の経過と、あまり高くない死亡率（八・三％、兵士においては二・三％）のために、脚気はそれほどいちじるしい注目を集めはしなかった。これに反しコレラは一年で消滅することもあるが、しばしば再燃し、きわめて突然に猛焔をあげる。

「慢性の経過とあまり高くない死亡率」のゆえに、林太郎は脚気を軽く扱ったのであろうか。森林太郎が脚気を扱うとき、いつも徹底性を欠いていた。本論文において脚気に関する部分は一ページに満たない。論旨はもっぱらコレラに関しシモンズ攻撃に終始する。

林太郎はまず、シモンズがコレラ流行期の算定を誤っていると批判する。ついで、シモンズが「コレラの死体の大部分は海に投ぜられた」と述べているのに対して、そのようなことはあり得ないと否定する（だがおそらく水葬になったものもあったであろう）。最後に「一八七七年の流行に対し、日本が中国船に対する検疫を行わなかった」とのシモンズの非難に対し、林太郎は、日本政府にはその意志も能力もあったにもかかわらず、イギリスの政治的圧力によって行い得なかったのであると弁明している。

コレラについて長広舌を揮（ふる）いながら、脚気に関しては、シモンズが東アジアの米食栄養に関係ありとする古い見解に囚（とら）われていると責めるのみで、新しい学説を提示しているわけではない。それよりここで、米食に種々の穀物や果物を追加することによって脚気を予防しようとする実験がすべて挫折していると述べている点には、科学者としての鷗外の姿勢を疑わないわけにはいかない。そして脚気の病因論についてなんら新しい知見はないと言いながら、緒方正規の微生物病源説に期待を寄せている筆致に驚かされるのである。

隊務日記

明治二十一年（一八八八）三月十日より、林太郎はプロシャ近衛歩兵第二聯隊(れんたい)医務に服すべき命令を受けた。これから彼は毎日この聯隊に通うことになる。

この日から林太郎は、従来の「独逸日記」を閉じて、「隊務日記」をつけはじめた。「隊務日記」は漢文で、純然たる客観的事実のみが連ねられ、感情はまったくはいっていない。

さてこの日記でみると、林太郎が主として携ったのは「区域務」であった。区域務とは、兵営内における医療行為にほかならない。それは主に下級軍医の仕事であった。ドイツの上級医官なるものは威張ったもので、毎日出勤の義務もないらしく、家にいて下官の報告を聞くのみである。

診察室も索莫(さくばく)としたもので、粗末な机や椅子があるばかり、緯度の高いベルリンでは三月半ばでも相当寒く、雪が舞ったりしているのに火の気もない。ドイツの医学は進歩したものであったのだろうが、医官や病兵に対する待遇はあまり良いとはいえない。

要するに林太郎の仕事は、普通の医師がするような診察と治療であった。「隊務日記」でみると、兵営内の医務の多くは林太郎に任されていたようである。

時には検陰の行われることもあった。病院助手の一人が椅子に腰をかけ、兵卒が露出する陰茎を助手が翻転(ほんてん)して見せる。医師は傍らでそれを視ているのみである。この検陰は大体二週間ごとに行われており、ドイツ陸軍が兵卒の花柳病に対し、いかに神経過敏であったかを示している。

四月二十日に林太郎は副医官グラヴィツに訊ねた。

「この頃演習が烈しいと見えて病人が多いが、足の傷があまり多くないのが不思議です。なぜでしょう。」

「中隊の下士は定期的に兵卒の足を見ます。汚なければ清潔にし、脂っぽければ粉をつけ、凍傷があれば脂をつけます。粉とは澱粉加サルチル酸、脂とは牛脂加サルチル酸です。」

この答は、林太郎に深い印象を与えた。

突然の転宿

ベルリンで林太郎は三回下宿を変った。

第一の下宿は、マリエン街のシュテルルン夫人のアパートであった。家主のシュテルルンは四十ばかりの未亡人、その姪で十七歳のトルウデルはともに遊び好き、ことにトルウデルが夜寝巻姿で林太郎の部屋を訪ね、ベッドに腰をかけて話して行くのに、林太郎は困りはて、二ヵ月ほどでこの下宿は変ってしまった（現在、森鷗外記念館となっている）。

第二の下宿はクロステル街にあった。この地区は売春の巣窟（そうくつ）に近く、あまり風紀のよいところではない。しかし衛生研究所まで歩いて五分ほどの近さにあり、この便利さは何ものにも替えがたかった。また新築の部屋は広く閑静で、レストランも経営しているので三食ともそこですますことができた。

林太郎はここに一年近くいたが、四月一日に突然転居した。その理由は日記に何も記していない。かなり気に入っていた下宿を、留学の残り日数も僅かになってから、何故転居したのであろうか。

『舞姫』において、主人公の太田豊太郎が可憐な娘エリスと出会うのは、クロステル巷（こう）の古寺とされ、これはマリア教会と推測されている。この教会と第二の下宿とは、ごく近距離にある。もとより『舞姫』は小説であるが、男女の逢初（あいそ）めなどには往々作者の体験が反映することが少なくない。したがってエリスの住居と林太郎の第二の下宿とは、接近していた可能性が強い。それ故エリスを繞（めぐ）ってなんらかのトラブルが発生したか、あるいはエリスのことを隠す意図があってか、突然の転居となったのであろう。

第三の下宿は、グローセ・プレジデント街の未亡人ルッシュの家の四階にあった。林太郎は毎朝六時半に起き、コーヒーとパンを食べ、七時半に門前から鉄道馬車に乗って、フリードリヒ街の大隊まで出勤するのだった。

しかし昼食は毎日トヨップフェル会館で摂（と）っていた。ここで気を使わねばならない上官石黒忠悳といつも顔を合わすのだった。

五月二十二日に同期生の小池正直がベルリンにやって来た。石黒忠悳を中心に、留学生たちが歓迎の宴を張った。

六月十五日に独帝フレデリック三世が薨じた。父のウイルヘルム一世が薨じて、わずか三ヵ月後である。若いウイルヘルム二世が後を嗣いで、三代目のドイツ皇帝になった。

七月五日、林太郎は石黒忠悳と共に、思い出多いベルリンを発ち、帰国の途についた。

帰国後の活動

苦渋の選択

為に愴然たり

帰国する石黒には「蒼山」と名付けた現地妻があった。明治二十一年（一八八八）七月五日の夜行列車で発つ石黒を、「蒼山」は、胸に白薔薇をつけて見送った。人目につくのを避けて、後の方でハンカチを振り、淡々と別れを告げた。

（俺と蒼山とは割切った関係なのに、それでもこんなに悲しい。森の奴はさぞ辛いことだろうな）

と石黒は心の中で思っていた。

ごうごうと走る夜汽車の中で、石黒と林太郎は眠れぬままに夜遅くまで語り合った。

「だが、あの子とはちゃんと手を切ってきたのだろうな。」

と石黒が念を押すと、

「は、それは。」

と林太郎の答はやや曖昧であった。

林太郎は、渡した金が手切金であることをついに納得させることができなかったのである。エリーゼは、林太郎の跡を追って日本に渡ると言い張った。

林太郎の愛人の本名がエリーゼ・ヴィーゲルト（またはヴァイゲルト）であることは、近年明らかになった。蒼山とは旧知の間柄であったらしい。したがってエリーゼとの一部始終は、夙に石黒の知るところとなっていた。生粋の官僚である石黒にとって、ドイツ人と結婚するなどはとうてい考えられないことであった。

その夜、石黒は日記に書きつけた。

車中、森ト其愛人ノ事ヲ語リ、為ニ愴然タリ。後互ニ語ナクシテ仮眠ニ入ル。

林太郎と石黒は、アムステルダムからロンドンに渡り、折から追放中の尾崎行雄に会ってのち、パリに戻った。

幽悶の船旅

パリで林太郎はエリーゼからの書簡を受け取った。パリからマルセーユへ向かう汽車の中で、林太郎は石黒に、「エリーゼがブレーメンからドイツ船に乗って日本に向かった」ことを打ち明けた。

七月二十九日、石黒と林太郎はフランス船アヴァ号に乗り込んだ。

船旅の間に、林太郎の憂悶の情は次第に深くなって行った。

ついに四年間の留学期間を終え、日本に帰って行かなければならない。学問上の成果はいろいろあったが、それを日本で生かすことができるかどうか。西洋と日本との間にある大きな格差を、林太郎は認めざるを得なかった。林太郎は多くの種子や苗木を日本に持ち帰ろうとしている。だが日本の土壌では、それらはことごとく枯れたり萎(しな)びたりしてしまうかもしれないのである。

しかも林太郎には、別に深い憂愁があった。すでに東に向かう船中にいるエリーゼのことである。

たしかにエリーゼと結婚したいと思ったときはあった。またそれが可能であるような気がしたこともあった。だが刻一刻と船が日本に近づいて行くにつれて、それがまったく絶望的で不可能に近いことを、林太郎は実感として味わわねばならなかった。

八月九日、船は紅海を通過して、インド洋に入った。紅海の南の出口を涙門という。林太郎は一詩を賦して石黒に示した。

笈(きゅう)を負う三年、鈍根を歎く
東に還り何を以てか天恩に報ぜん
関心は独り秋風の恨のみにあらず
一夜、帰舟、涙門を過ぐ

「秋風の恨」という語の蔭には、漢の武帝の故事が潜み、「もしかすると女のために陸軍を辞めなければならないかも知れませんよ」の意を、上官の石黒に示したのである。
　もっとも当時、軍籍にあるものが外国人と結婚してはならぬという法律はなかった。しかしそれは、そういう虞れがないから法令化されなかったまでで、慣習法は儼然と存在していた。

春水よりも緑なり

　八月二十一日の石黒日記は語る。

　　森、昨日今日トモ船室中ニ日本服ニテ平臥ス。病懶ニ非ザルナリ

「病懶にあらず」とは意味深長である。石黒は林太郎の憂悶の源を知りながら、突き放している。
　八月二十五日、船はサイゴンに着いた。『舞姫』の太田豊太郎が小説の筆をとりはじめるのは、このサイゴン港においてである。林太郎は上陸もせず、深い物思いに沈んでいた。思いは二転し、三転し、次第にエリーゼとの結婚に心が傾いて行った。
　船が上海をすぎた九月四日、林太郎は石黒に一詩を呈した。

　雲翻り雨覆り、肌膚粟を生ず
　却つて思う　顧眄すれば讒慝を生ずるを
　白屋に居るに如くはなし
知らず臭を遺すか将た馥を流すか

吾が命蹙れり　何ぞ哭くを復いん
猶一双の知己の目のあり
緑なること春水よりも緑なり

かなり難しい語句を用いているが、意味するところは明白と思われる。「白屋」は庶民の住居をいう。常民の家に住むにこしたことはないと歌っている。ここで林太郎が辞官の覚悟を決めていることは確かである。

これに対する石黒の答は、

其の眼春水よりも緑なるは
其の人何くにか在る
蓋し後舟中にあり

というので、問題をはぐらかしてはいるが、緑の眼の持主が後から迫りつつあることを、はっきり指摘してはいる。

それから僅か四日後、船は横浜に着き、二人は盛大な出迎えを受け、即日東京にはいったのである。

帰朝第一声

九月十二日、林太郎は東京の偕行社にあって、歓迎のために集まった衛生部の将校を前に、一場の演説を試みた。しかしそれはきわめて簡単なそっけないものであった。

「今日、私が海外で視てきた事物について、演説すべきはずでありますが、敢てそれを致しません。それには理由があります。およそ欧州の規律厳正な軍隊におきましては、年少の将校が陸軍部内に関する言論については、その趣旨を一々上官に具申し、その裁可をえて、はじめて公衆に向かって演説できるようになるのです。それがために、その国では風紀が乱れるということがありません。私はひそかにこれを羨んでおりました。そこで一般的な問題としてではなく、私一己の問題に限っては、何か言うべきことがあれば、必ずこれを上官に質して、その許可を得た後に発表したいと考えております。是れ私が、今日怱卒の際にあえて口舌を動かさない所以であります。」

これではただ喋れない理由を説明せんがために、将校たちの前に立ったようなもので、ヨーロッパの事情などを聞きたいと思っていた人々に、大きな失望を投げかけたに違いない。

だが林太郎には、喋れない理由が別にあった。この日横浜に着港したドイツ船ゲネラル・ヴェルデ号によって、エリーゼ・ヴィーゲルトが上陸したのである。林太郎の内心は、驟雨の降りしきる水面のように激しく泡立っていた。

そのあとで石黒忠悳がみなの前に立った。石黒は説き去り説き来り、縦横にヨーロッパの事情を説明したが、その終りに近く、森林太郎の業績に触れた。彼は林太郎の学問を高く紹介評価し

たが、一転して、

「しかし忠悳が軍医社会を思う熱心から一言したいことは、洋行した人が帰ってまいりますと、学術はもちろんその風までも、若い人は見習うのが常でありました。しかし森氏の風については、自分はこれを学ぶことを欲しません。何となれば、余の見るところによれば、森氏の風はドイツ士官の風ではなく、むしろドイツ風流家の風というべきだからであります。」

林太郎は聞いていて、慄然と全身の血が引いて行く思いであった。ドイツ滞在の末期から船旅にかけて、石黒は林太郎の恋愛に対し、多分に同情的であった。しかるに今の挨拶は、一方的に辛辣な批判となっている。

だが石黒に言わせれば、一貫して筋のとおったものであった。ドイツでのことはドイツですませるのがよい。それをすませ得ずして、面倒を日本に持ちこんだことに対し、石黒は腹を立てていたのである。

家族の衝撃

林太郎は、帰朝した九月八日の夜、エリーゼのことを父静男に語った。もしかすると女が追ってくるかも知れないといった曖昧な表現であったが、それはひたすら長男の出世を念願としてきたこの一家にとって、青天の霹靂のような大きな衝撃であった。その女性は来るかも知れないといった幻影の存在ではなく、それから四日後現実に日本に到着したのだった。

日本語を解さないエリーゼが日本に上陸した後、どうして築地の精養軒に落着いたかは、いまだ解明されていないが、林太郎自身の手による可能性が強く、もしかすると弟篤次郎の線も考えられないことはない。篤次郎はまだ医学部の学生で、語学力は十分ではなかったろうが、簡単な案内くらいはできたであろう。篤次郎自身は「語学の勉強の心算(つもり)で付合った」とのことなので、森一家の中では比較的冷静な立場にあった。

最も真剣だったのは母のミネであったろう。彼女にはもとより青い眼の嫁などは認められなかったし、何よりも林太郎の出世にとって決定的な障害として受止めていた。

後年、林太郎の長男於菟(おと)の書いた『父の映像』の中に、

　これはその当時貧しい一家を興すすべての望みを父にかけてゐた祖父母、そして折角役について昇進の階を上り初めようとする父に対しての上司の御覚えばかりを気にしてゐた老人等には、非常な事件であつた。親孝行な父を総掛りで説き伏せて、父を女に逢はせず……

とある。また妹喜美子の文章にも、

　お兄い様は、時間の厳しいお役所の上、服も目立つのでお出になりません。

と書かれ、林太郎がエリーゼに会わなかったような印象を与えている。しかしこれは、近年『小金井良精(よしきよ)日記』から明らかになった事実に反している。

懊悩と動揺と

喜美子の夫小金井良精は、東大解剖学の教授である。明治十三年から十八年までドイツに留学していて、やはりドイツで女性問題を起こしているが、自力で解決して帰国している。

森家の親族で、この問題に仲介してくれそうな人は、小金井くらいしかいない。だが小金井のもとにこの話がもたらされたのは、九月二十四日であった。九月十二日から二十三日までは林太郎の懊悩（おうのう）と動揺の時期だった。

九月十五日には、大山巌の招宴で林太郎は石黒と顔を合わせている。林太郎はエリーゼの来日を石黒に話した。

「とうとう来たか。お前、覚悟はできているだろうな。」

「はい。できております。結婚いたします。」

「お前、正気か。父上も母上も賛成なさるまい。」

「はい、反対いたしております。」

「陸軍も賛成はいたさぬよ。」

「ですが結婚を禁止する規則はありませんから。」

「それはそういう場合を想定していないから、条文としてはない。しかし不文律というものがある。もしあえてした場合、お前の将来は真暗になるだろう。」

多額の留学費をつぎ込んだ林太郎がもし陸軍を辞めたならば、それを推進した石黒の将来も暗いものになるに違いなかった。だが石黒はそのことは口にしなかった。

ミネもまた別の角度から林太郎を責めた。

「あなたは何のためにドイツに行ったのですか。」

「学問をするためです。」

「その学問は誰のためにしたのですか。」

「誰って、世のためと自分のための両方です。」

「あなたがもしその人と結婚すれば、陸軍に居られなくなるかも知れません。それでも世のために働くことができますか。」

「はい、医者として働けば、世のため人のためになると思います。」

「あなたがドイツで修めてきた衛生学というのは、人の病気を治す学問なのですか。」

林太郎はぐっと詰った。衛生学を実践するのは、個人の力では不可能に近い。母のミネは正式の教育は何も受けなかったが、聡明な理性を持っていて、林太郎が学んできた衛生学の大筋は摑んでいるのだった。

「本当は、人があまり病気にならないように考える学問です。」

「その学問は、開業医になることで生かすことができますか。」

「工夫次第では生かすことができると思います。」

「あなたが本当にそう考えているなら、それでもよいのです。けれど天子様の御恩も考えなればいけませんよ。あなたは近い内に、天子様に拝謁を仰せつかっているというではありませんか。もしもお言葉がかかったら、どうお答えするのです。外国へ行って勉強してまいりましたが、近い内に陸軍をやめる心算ですとお答えするのですか。」

それは林太郎の痛いところを衝いていた。

小金井良精の活躍

九月二十四日に林太郎はついにエリーゼとの結婚を断念した。

翌日から小金井の活躍が始まる。

はじめてエリーゼに会った小金井の印象では、実直で可憐な美しい女性であった。少しもすれたところがなく、思いつめた様子ではあったが、理性を失ってはいなかった。小金井は、結婚の困難な理由について詳しく説明した。

翌日も小金井はエリーゼと会った。話は順調に運び、エリーゼは帰国を承諾した。

二十七日にも小金井が訪ねると、林太郎がすでに来ていて、エリーゼと話していた。小金井は二人をおいて先に帰った。

十月四日に、良精が精養軒を訪れ、林太郎から預っていた手紙を渡すと、エリーゼの表情が急に曇った。

「私、帰国をやめます。日本にいて、自分で働きます。」

小金井は懸命に説得したが、エリーゼの態度は変らなかった。

思うにその手紙には、帰国の条件が書かれていたのであろう。その金額への不満というよりも、その前に何かエリーゼの気に入らない文言が書かれていたのであろう。

しかし数日おいて、エリーゼの態度はまた変った。最終的に帰国を受け入れたのである。帰りの旅費や旅券は、小金井がとり揃えてエリーゼに渡した。

十月十四日に、林太郎は同期の親友の賀古鶴所に手紙を書いた。

> 御配慮恐入候。……彼件は左顧右眄に遑なく、断行仕候。御書面の様子等にて、貴兄にも無論賛成下され候儀と相考候。勿論其源の清からざること故、どちらにも満足致候様には収まり難く、其間軽重する所は明白にて、人に議する迄も御座なく候。

十月十七日、ゲネラル・ヴェルデ号で横浜を発つエリーゼを、林太郎・篤次郎・小金井良精の三人が見送った。

エリーゼの帰国

東京に帰った良精は妻喜美子に語った。

「どんな人にせよ、遠くから来た若い女が、望みとちがって帰国するというのは、まことに気の毒と思われるのに、舷でハンカチを振って別れて行ったエリスの顔に、少しの憂いも見えなかったのは、不思議なことだ。」

もし本当にエリーゼの顔に少しの憂いも見えなかったとしたら、彼女はよほど理性に勝った女性だったに違いない。それは喜美子が書いているような「常識にも欠けている哀れな女」とか「少し足らない位」とかの言葉と、明らかに矛盾している。「誰も彼も大切にと思って居るお兄い様に、さしたる障(さわ)りもなく済んだのは家内中の喜びでした」と書いた喜美子の文は、家族的エゴイズム以外の何ものでもない。本当に傷いたのは、やはり林太郎とエリーゼとであったろう。

エリーゼの上陸から林太郎の断念まで一二日もかかっていることから明らかなように、二人の間は簡単に決断できるような浅いものではなかった。一旦断念してからも林太郎の心がなお揺れ動いていたことは、その不決断がエリーゼに反映して、帰国を拒絶する一幕のあったことからもわかる。

当時の交通事情を考えれば、万里の波濤(はとう)を凌(しの)いで単身日本に渡ってくるだけでも、女性の非凡さは窺われる。『小金井良精日記』の僅かの記載からも、この女性のなみなみならぬ知性が察せられる。林太郎にとってこの女性は単なる「路頭の花」ではなく、「人格を知っての恋」にほかならなかった。

ずっと後年、日露戦争のさ中に、

南山の　たたかひの日に
袖口の　こがねのぼたん

ひとつおとしつ
その扣鈕（ぼたん）惜し

べるりんの都大路の
ぱつさあじゆ　電灯あをき
店にて買ひぬ
はたとせまへに

えぽれつと　かがやきし友
こがね髪　ゆらぎし少女
はや老いにけん
死にもやしけん（後略）

と林太郎は歌っている。長男森於菟は、

「一生を通じて女性に対して恬淡（てんたん）に見えた父が、胸中忘れかねていたのはこの人ではなかったか。私ははからず父から聞いた二、三の片言隻語（へんげんせきご）から推察する事ができる。」

と記している。

エリーゼの影像は、生涯林太郎の心から去らなかったであろうし、自責の思いも重く胸にのしかかって離れなかった。森家は永年にわたってエリーゼに送金していた。

歴史に「もしも」は禁物であるが、もし林太郎がエリーゼと結婚していたらどうなったであろうか。おそらく文学的活動は勝るとも劣らなかったであろうし、もっと自由な発想をなし得たのではなかろうか。少なくとも脚気問題が躓(つまず)きの石となることはなかったに違いない。

日本食顕彰

日本食と非日本食

明治二十一年（一八八八）十一月二十四日、森林太郎は大日本私立衛生会において、「非日本食ハ将ニ其根拠ヲ失ハントス」なる一場の講演を行った。この演説は事実上の帰朝第一声で、同時に医学的啓蒙活動の第一歩であった。会場は立錐の余地もないほど、満員の盛況であった。

諸君もご存じのごとく、食物のことは人間の事業の根本でありまして、ひとり一個人の生活に関与するのみならず、一国一社会の運命にかかわる重大事であります。食物の問題は、社会問題の第一といわなければなりません。

わが国は古来米をもって食物の主位に置いてきました。国の別名を瑞穂の国といい、大名の階級も米の収穫の多少によって決まったのであります。しかるに今や、米を含む日本食は健康に害ありとする説が唱えられ、米を食いつつ不安に駆られている人が少なくありません。

このように林太郎は問題を提起し、次に日本食の定義を論じた。

ここで日本食の名義を明らかにしておく必要があります。日本食とは、外国、ことに西洋の食に対していう言葉でありまして、醗酵によって生じたパンではなく、烹熟した米麦の如き穀物を上位に置き、魚鳥獣の肉および蔬菜を副位に置くものであります。その副食の多寡は本質的な問題ではなく、また菜食か肉食かを対比するものでもありません。しかし米食かパン食かに従って、その調和する副食に差違を生じてくることは当然であります。

さて従来の学者は、この両者を比較するのに、バイエルンの大家フォイトの立てた標準食を基本にしてまいりました。フォイトは、バイエルンの健康にして強度の労働に耐える職人の食事を検討して、健康人一日食の標準成分を定めました。すなわち蛋白一一八グラム、脂肪五六グラム、澱粉五〇〇グラムであります。しかし日本人の体重は、平均して西洋人の六分の五でありますから、それを当てはめると、蛋白九八グラム、脂肪四八グラム、澱粉四一七グラムとなります。

と林太郎はまずフォイトの堅陣に拠って論を立てた。

ところで日本食を検しますと、蛋白は六五〜一一五グラム、脂肪は六〜五一グラム、澱粉は三九四〜六三五グラムでありまして、蛋白は比較的少なく、脂肪は非常に少なく、澱粉はかなり多いのであります。

しかしルブネルによれば、脂肪と澱粉は互いに交換しうるものでありますから、脂肪が少ないことにはあまり拘泥（こうでい）する必要がありません。ただ蛋白がフォイトの標準よりかなり少ないことは、争うべからざる事実でありますから、これによって日本食の声価は地に落ちようといたしました。こうした議論を非日本食論と申します。

私は三、四年前に『日本兵食論』を著（あらわ）しまして、フォイトの標準を用いながら、いくらか米を減じ魚獣の肉を増やしますならば、フォイトの標準を満たすようになると論じたのであります。

日本食の完全性

「しかし」と林太郎はここで一段と声を励まして、

フォイトの標準がはたして完璧なものなのでしょうか。フォイトはさすが大家でありますから、余の樹（た）てた一つの特別な例を普遍的な法則と見なされては困ると、自ら言っております。

近頃ドイツにおきましては、プリューゲル、ウッフェルマン等の一派が、フォイトの原則に修正を迫りつつあります。彼らの方法は、健康にして強壮な人間の排泄物（はいせつぶつ）を測量するものでありまして、その結果、健康人がその健康を保持し労働を続けるのに、蛋白九六グラムをもって足りると言っております。これを日本人の体重に換算すれば、約八〇グラムであります。しかりとすれば、蛋白六五〜一一五グラムの日本食をもって十分ということになります。

肉食菜食の優劣については、ここでは論じませんが、肉食も過多になれば害のあることは当然であります。かのショイベのごときは、日本にいた時、日本人の食事を調査して行きましたが、ドイツに帰って後は、菜食を鼓吹しております。日本人はこうした先覚の業績を信ぜず、妄りにロースビーフに飽くことを知らぬイギリス流の偏屈学者の蹤を踏んで、非日本食論を唱えるとは、如何なものでありましょうか。

この最後の句が、イギリスの学風を日本に持ち込んだ高木兼寛の説を皮肉ったものであることに、多くの聴衆はすぐに気がついた。

とはいえ、林太郎のこの長い講演によってなお埋まっていないのは、脚気との関係である。仮にプリューゲルらの論文によって、日本食の蛋白をもって十分としても、日本に脚気の多発する理由は解明されていない。

森説に対する批判

しかも林太郎が依拠した日本陸軍の兵食は、当時の日本人の食事としてはむしろ恵まれたものであった。表9に示すように、陸軍士官学校の食事は、高等師範学校のそれについでよく、攻玉社（印刷会社）以下の食事をはるかに凌駕している。なかでも越後屋（三越の前身）の食事は、監獄よりも劣っている。こうした実情について林太郎は、何らの顧慮も払っていないように見える。それゆえこの演説は、たちまち「黄鶯居士」なる人

表9　日本人の食事分析表

区別 / 各養分	高等師範学校	陸軍士官学校	攻玉社	二松学舎	越後屋	鍛冶橋監獄署(軽役)
蛋白質(g)	114.85	83.07	78.66	69.18	54.80	56.72
脂肪(g)	31.40	13.67	12.66	10.04	5.98	7.59
含水炭素(g)	634.99	622.44	470.10	449.62	394.16	446.54
合　計	781.24	719.18	561.42	528.84	454.94	510.85

注　『日本科学技術史大系』24巻による。

の反論を招くことになった。黄鶯居士は、

森氏ハ幼ヨリ資材ノ家ニ生レ、少壮ニシテ欧州ニ行キ、帰朝以来、足未ダ帝都ヲ出デズ。未ダ黎民粒々ノ辛苦ヲ見ズ。氏ノ嘗テ日本食ヲ検スルヤ、我政府ノ○○(ママ)○○○○愛養撫育スル所ノ兵士ノ食料ニ過ギズ。我兵士ノ食料ハ一般ノ日本食ニ比シテ高等タルハ、今茲ニ喋々スルヲ要セズ、故ニ標準トナスニ足ラズ。

ときびしく批判した。これに対し林太郎は、

漁史ハ弊履ヲ穿テ、西議官ノ玄関ヨリ進文学舎ニ来往セリ。垢衣ヲキテ東京医黌ノ寄宿舎ニ呻吟セリ。

と答え、自分も相応に苦労したのだと言っているが、何故に一般民衆の食事について研究しないのかという根本的疑問には、まったく答えていない。

そればかりではない。かつて『日本兵食論』では、魚獣肉を増加するならばフォイトの標準に合致するとした、兵食改善の要望すらこの講演では影をひそめている。すなわち林太郎は明

らかに前者より後退しているのである。この点については、かつての盟友・東大教授の大沢謙二からも批判を受けている。

公衆衛生の思想

明治二十一年末、森林太郎は松本良順の推薦で『東京医事新誌』の主筆に迎えられた。林太郎は同誌に「緒論」欄を新設し、二十二年一月五日号の巻頭を、自ら執筆した「市区改正ハ果シテ衛生上ノ問題ニ非ザルカ」をもって飾った。

産業革命の進行とともに、欧米では人口の都市集中、住宅の狭小、日照や換気の劣悪、伝染病の蔓延などのいわゆる都市問題が発生した。開国から資本主義発展の道を辿りはじめた明治二十年代の日本も、その例外ではなかった。

東京市区改正の急務なことは、多くの識者に認識されていたが、種々の反対意見もあり、実施は遅々として捗らなかった。

高木兼寛・松山棟庵らの意見は、東京に住む数十万の細民長屋が衛生状態を悪くしているのであるから、高い税金をかけて細民を市内から追い出そうとするものであった。これに対する林太郎の意見は、それは「富人ニ利ニシテ貧人ニ損ナル方法」と見なすものであった。

公衆ノ衛生ナルモノハ、即チ富人ノ衛生ナリ。富人ハ公衆ノ一小部分ナリ。公衆ニ非ザルナリ。……苟クモ真成ニ公衆ノ衛生ヲ計ラント欲セバ、宜ク貧人ヲ先ニシテ富人ヲ後ニスベシ。富人ノ難ヲ避ケ、害ヲ除カントスルヤ、其ノ財産ノ在ルアリ、以テ其目的ヲ達スベシ。

唯々貧人ハ然ラズ、路ニ当リ事ニ従フモノ思ハズンバアルベカラズ。

この考え方は正しいであろう。当時「公衆衛生学」の思想はまだなかったが、それを先取りしているといってよい。

ただし林太郎も、貧民に住宅の退去を求めることを絶対に不可としているのではない。「まず近隣に廉価の住居」を用意してかかる必要があると論じている。このあたりには、労働階級の反発を恐れる明治のエリートの心理がほの見えている。

このあと林太郎は、街路を広く設け、街路樹を植えることを提唱し、上下水道の設計プランに及ぶ。この論文は、森林太郎の衛生学者としての力量を十分に示した雄篇といえるであろう。

統計論争

明治二十二年二月、林太郎は「統計ニ就テ」なる一文を『東京医事新誌』に発表した。これに対しスタチスチック社の今井武夫が反論し、統計論争という大論争に発展した。

この論争の論点は二つある。「統計」という訳語が適切でなく、スタチスチックという原語を用いるべきであるという今井の主張が第一点、もう一つは、統計が方法であるのか、実質科学であるのかという争点だった。

第一の論点については、「統計」という語が現在広く普及していることから考えても、すでに帰趨（きすう）は明らかである。

第二点について林太郎は、統計学は一個独立の科学ではなく、あらゆる経験科学に使用される方法論であると力説している。これに対し今井は、統計学は社会を研究する一つの独立した科学であると主張している。

現在においても、この両者のいずれが正しいかは明らかではない。しかし現代疫学の立場に立てば、必ずしも林太郎の所説が正しいとは言い切れない。

林太郎は、統計は原因を探究すべき方法ではないとし、統計によって得た法則は決して因果と関係させてはならないと主張する。

某国ノ某隊ハ兵ニ給スルニ麦飯ヲ以テシ、復タ米飯ヲ喫セシメズ。然ルニコレヲ統計表ニ徴スルニ、ソノ頃ヨリ脚気病ノ比例数、若干%ヲ減ズ。是レ「給麦」ノ原因ニテ「防脚気」ノ結果ヲ得タルナリ。即チ知ル、脚気ノ原因ハ米飯ニアルコトヲ。ソノ説理リアルニ似タレド、「防脚気」ノ成績ハ「給麦」ト同時ニ起リタルコト明ラカナルノミニテ、コレヨリ直チニ「原因結果」トハ謂フベカラズ。若シ夫レコレラ実験ニ徴シ、即チ一大兵団ヲ中分シテ、一半ニハ麦ヲ給シ、一半ニハ米ヲ給シ、両者ヲシテ同一ノ地ニ住マシメ、他ノ状態ヲ斉一ニシテ、食米者ハ脚気ニ罹リ、食麦者ハ罹ラザルトキハ、方ニ纔ニソノ原因ヲ説クベキノミ。是レ亦タ統計ノ原因ヲ示サザル一例ナリ。

ここで某国某隊とぼかしてはいるが、それが日本海軍の実例を指していることは明白である。

高木兼寛は、海軍を無作為に二分して、一方には米食を、一方には麦飯を与えるといった計画的実験を行っていない。林太郎は「統計」の問題を口実として、高木学説の不備を衝いているのである。

しかし大集団を二分して、他のすべての条件を等しくしながら、別途の方策を行い、その結果の相違を観察する理想的な方法は、なかなか実現困難である。だが現代の疫学は、必ずしもそうした実験によらなくても、薬の効果や病気の原因を推定することを可能にしている。タバコを喫む集団とタバコを喫まない集団との肺癌の発生率を比較したとき、もしタバコが肺癌の発生とまったく関係なければ、その差はゼロに近いものになるであろう。しかしその差が現実に存在し、それが偶然によって生じうる確率がきわめて小さければ、タバコは肺癌の発生と有意に関係しているということができる。

高木兼寛の成績においても、麦食を喫せしめた前と後の脚気の発生率を統計学的に検討すれば、それはほぼ確実に有意と言えたであろう。当時はそうした手法がまだ開拓されていなかったから、高木は強く自説を主張しえなかったのであるが、その優劣は具眼の士の前にすでに明らかであった。

陸軍兵食実験

陸軍軍医学校教官に陸軍大学教官を兼ねていた林太郎は、明治二十二年（一八八九）の六月から兵食検査の実験を行った。日本人について食事の大規模な実験のまだないことを気にしていた林太郎は、石黒忠悳の諒解のもとに、周到な準備を積んでこれに着手した。

林太郎が定めた方針は次の二点であった。

一、検査は問題になっている米食、麦食、洋食の三つについて実施する。

二、検査項目は、熱量・栄養素の二点を中心とする。

この二点について、次の二項に留意する。

1　某食品の含む栄養素は何か。

2　そのうち燃える栄養素はどれだけか。

食品の吸収されない部分は何の価値もないので、それを知るために尿と便の検査が行われた。尿によって吸収された栄養素の量、便によって吸収されなかった栄養素の量を推定した。さらにこの実験にあたって、カロリー（熱量）という当時最先端の学説が採用された。

八月十二日より米食六人の検査を八日間行い、十月十五日より麦食者六人、十二月十三日より洋食者六人を、ほぼ同様な条件で検査している。

その結果は表10に示すように、総熱量においても、窒素出納（すいとう）においても、米食が最もすぐれ、麦食がこれに次ぎ、洋食が最も悪かった。

この成績は当時の陸軍首脳を喜ばせた。石黒忠悳は、

表10　兵食実験成績

	米　食	麦　食	洋　食
熱量（Kcal）	2,580	2,227	2,205
窒素出納	＋2.29	−1.43	−2.88

「此報告によってみると、我国の兵食はそう悪くない。ナマナカな洋食は却(かえ)って価値が少ないことが判明した。」

と語っているし、のちに林太郎の部下となる山田弘倫軍医に至っては、

「幾千年来の慣習たる日本食に些(いささ)かの動揺をも来さず、特に兵食として幾回の戦闘にも実績を発揚した。」

と手ばなしの賞めようである。

しかしこの実験は、依然として林太郎の従前からの欠陥を引きついでいる。カロリー学説を取り入れた点だけが新しいが、脂肪と含水炭素を互換性のものとして扱っているし、動物性蛋白と植物性蛋白の区別も立てていない。

だがもっとも大きな欠点は、米食と脚気との関係をいっそう曖昧にしてしまったことである。脚気予防としての麦飯は、陸軍においても多くの師団で用いられはじめていたが、米食の優秀性が立証されたと考えた陸軍首脳は、この傾向にブレーキをかけようとし、さらに日清戦争で取りかえしのつかぬ大きな誤謬を犯すことになるのである。

破婚

結婚

エリーゼが横浜から去って僅か三日後の明治二十一年（一八八八）十月二十日、森ミネと篤次郎が西周（にしあまね）邸を訪れ、赤松登志子との縁談の推進を申し入れた。

登志子は、海軍中将・男爵赤松則良の長女であった。赤松は幕臣であったが、子爵榎本武揚（たけあき）や、もとの軍医総監林紀（つな）の弟の子爵林董（ただす）、陸軍部内に隠然たる勢力を持つ西周などと姻戚（いんせき）でつながる華麗な一族で、林太郎の帰朝前から話があり、もしこの縁談が成立すれば、林太郎の将来も洋々と開けるであろうと期待されていた。

十一月七日には、赤松家よりも婚姻承諾の返事が届いた。

母ミネと縁続きの西周は、石黒忠悳（ただのり）から林太郎の秘事を打明けられ、同人の将来のために媒酌（ばいしゃく）人を引受けるように要請され、これを引受けた。

明治二十二年（一八八九）三月六日、二人の結婚式が行われ、その披露宴は三月十三日に開かれた。林洞海・佐藤進・榎本武揚など、医界・官界の名士が多く出席し、きわめて盛大だった。赤松登志子は容貌はあまりすぐれていなかったが、のちに林太郎が「その漢籍の如きは、未見の白文を誦すること流るる如く」と書いているように、返り点送り仮名のつかない漢文を流暢に読み下すことのできる才媛であった。

林太郎と登志子は、赤松家の持家であった上野花園町の家に住んだが、二人の間柄は最初から順調ではなかった。原因としては、登志子が男爵家のお姫様で家事に慣れなかったこと、登志子についてきた赤松家の老女が権高の女性だったこと、林太郎の文学上の友達が多く遊びに来て深更に及ぶことが少なくなかったことなどが挙げられるが、それよりも林太郎の心の中になおエリーゼの面影が住んでいたことが最大の原因であろう。

『舞姫』の発表

結婚してまだ一年に満たない明治二十三年（一八九〇）一月、多分にエリーゼとの経緯を写しているといわれる『舞姫』が発表された。

『舞姫』は法学士太田豊太郎を主人公としている。太田はドイツ留学を命ぜられて、ベルリンに滞在しているうちに、次第に自我に目ざめ、文学や歴史に心寄せるようになる。留学三年目の秋の夕、太田は可憐な一少女エリスとめぐり会う。少女は舞姫であるが、仕立屋の父が死去しても、葬式さえ出せない貧しい境遇にある。同情から次第にエリスに惹かれて行った太田は、同僚の讒言のために免官の憂目にあう。その窮境を救ったのが、親友の相沢謙吉である。相沢の斡旋により某新聞の通信員として若干の資を得るようになった太田は、エリスの家に寄宿するうちに、ついにわりなき仲となる。

明治二十一年の冬、相沢は天方大臣の秘書官としてベルリンにやってくる。太田は大臣に引見され、語学の才を買われてロシアにまで随行し功を顕わす。太田の才を認めた天方は東京へ連れて帰ろうといい、太田も思わず諾と答える。

だが妊娠しているエリスを捨てて帰ることに自責を覚えた太田は、雪道を彷徨して高熱を発し、人事不省に陥る。その間に相沢から事情を聞いたエリスは、「我豊太郎ぬし、かくまでに我を欺きたまふか」と叫んで発狂する。やがて狂女と胎内の子を残して、太田は日本に帰ってくる。

嗚呼、相沢謙吉が如き良友は世にまた得がたかるべし。されど我脳裡に一点の彼を憎むこころ、今日までも残れりけり。

の一文をもって、林太郎はこの小説を結んでいる。

主人公の太田が、林太郎その人とはもちろん言えない。第一に林太郎には免官された事実はない。これは実際に免官された武島務の経歴を借りてきたものである。

第二に「明治二十一年の冬」という日付がはいっているが、これは林太郎が自分の経歴と違うという証しに、わざと入れているのであろう。林太郎は明治二十一年九月に帰国しているから、その年の冬のベルリンは経験していないわけである。

天方伯は山県有朋（やまがたありとも）、相沢謙吉は賀古鶴所（かこつるど）をモデルにしているといわれる。実際にこの両者は、この時点にヨーロッパを周遊している。だが何のために山県のような有名人を登場せしめたのだろう。鷗外は権門に弱いという一部の批評を裏書きするようなものではないか。

最も不可解なのは、この作品を林太郎が、家族や賀古鶴所の前で、弟篤次郎に朗読せしめていることである。自分の経歴に似通ったこの物語を、発表に先立って家族や友人に読んで聞かせるという神経は、ふつうの人間には理解しがたい。

この作品を読んだ登志子は強い衝撃を受け、離婚の一動機をなしたともいうが、新妻に読まれる可能性もあるのに、何故に発表に踏切ったのか。もちろん石黒忠悳をはじめ、陸軍軍医部の首脳にもよい印象は与えなかったであろう。

『舞姫』の主人公太田の背徳を責める声は当時からあった。しかし小説は修身の教科書ではないのだから、モラルの点からこの作品を非難するのは当を得ていない。もしエリスが太田と結ばれてハッピーエンドに終るなら、そもそも小説にはなるまいと思われる。だが現実に照して言えば、林太郎の行動は太田の行為と五十歩百歩であった。

相沢謙吉に感謝とともに一点の憎しみを覚えたという太田の最後の科白（せりふ）は、賀古よりもむしろ石黒に向けられた言葉のような気がする。陸軍官僚としての枠内であったが、石黒はよく林太郎を庇護し、また引立てている。だがエリーゼに関する経緯や、林太郎の弱点を知悉した石黒に対し、林太郎は終生強い立場を取り得ないようになった。少なくとも公の場において、石黒の脚気病源菌説に反対することは不可能だったのである。

離婚の理由　明治二十三年（一八九〇）九月十三日、林太郎の長男於菟（おと）が誕生した。それから三ヵ月後の二十三年末、林太郎と篤次郎は上野花園町の赤松家の持家を出て、駒込千駄木町の森家に移った。これは事実上の結婚解消を意味し、間もなく正式の離婚に至った。

陸海軍の中枢と深い関係にある赤松家との離婚は、媒酌人たる西周をも怒らせ、今後の官途に不利益をもたらすであろうとは、林太郎も十分に考えたであろう。それにもまして権門との結びつきを深く望み、それを推進した母ミネに、この破婚を強く阻止しようとした形跡がないのが不審である。おそらくこの破局には、結婚を継続しがたい十分な理由があったに違いない。

もちろん林太郎と登志子との性格の不一致もあったであろうし、強く残っていたエリーゼの幻影もあったであろう。しかし最大の要因は林太郎の健康問題にあったと、私は考えている。

薄幸の登志子は、その後弁護士の宮下道三郎と再婚し、一男一女を生んだが、明治三十三年（一九〇〇）、まだ二十八歳の若さで、肺結核のため病没した。死因が結核であるため、林太郎との結婚生活のときすでに発病しており、のちに林太郎の死因となった肺結核も、登志子から感染したとの説がある。またその感染を恐れたミネが、離婚に踏み切らせたとの考えもある。だがこの両説はともにおかしい。

林太郎の結核歴

林太郎は大学在学中、十九歳で肋膜炎に罹患している。当時の肋膜炎はほとんど結核性と考えて誤りでなく、肺結核がそこから進展していくと見るのが一般的である。こうした経過の中で、よそからの感染が加わったとしても、発病には導かれないとするのが、現在も結核学界の大勢である。登志子の結核が結婚前から始まっていたかどうかは判断の材料がないが、仮に始まっていたとしても林太郎にとって恐るべきものではなかった。

鷗外の戯曲に「仮面」という作品がある。或る医学部の教授が、肺結核と診断された青年を慰めるために、自分にも結核の経歴があり、喀痰中に結核菌が出たことがあると、その標本を見せる場面がある。この戯曲は鷗外の内面を描いたものとして注目されているが、結核菌陽性の標本の日付は、明治二十四年（一八九二）十月二十四日となっている。もしこの戯曲が真実を写しているとすれば、それは林太郎の離婚から一〇ヵ月後のこととなる。

だがこの日付は真実のものなのであろうか。すでに『舞姫』の中に、明治二十一年冬という日付を、自己のアリバイとして挿入しているのを見た。明治二十四年十月二十四日の年月日も、疑わざるを得ないのである。「仮面」は登志子の死後に作られている。自分が登志子に感染せしめた当事者でないことを証するために、この日付が挿入されたのではないだろうか。

仮にこの年月が正当なものとしても、それは喀痰中に結核菌が証明された時点を示すのみである。それ以前に、結核菌が出ていなかったことを示すものではない。

若くして肋膜炎を患った林太郎が、精神的にも肉体的にも緊張を要する五年間の留学生活を終えて帰朝してきた。帰りの船中の一ヵ月、ならびにエリーゼを迎えた帰国後の一ヵ月は、苦悩をきわめた時期であった。そして新婚生活と、文学仲間との不規則な交遊の日々。鷗外漁史の文名は一世に高く、井上通泰（みちやす）、落合直文、幸田露伴、内田魯庵、斎藤緑雨などの姿が、上野花園町の家に見られるようになった。梁山泊（りょうざんぱく）のような談笑が深夜まで続き、「今何時ですか」の一客の問いに、「もう十二時でございます」と答えた女中を、林太郎が「何故、まだ十二時と云わぬ」と叱責した話は有名である。

こうした歳月が続いて、肺結核が発病して来なかったとしたら、むしろ不思議である。常識的に考えて、明治二十二、三年頃に林太郎の肺結核は始まっているのではなかろうか。したがって結核菌は、林太郎から登志子へ伝染（うつ）った可能性が強い。

後年にミネは、

「誰にも済まぬ事はよく知っているが、家のために大切な長男が、近頃ひどく血色も悪く、気も鬱（ふさ）ぐらしく、あのまま置けば煩（わずら）うにきまっている。そうなると取り返しがつかないから涙を飲んで云うままにした。」

と語っており、林太郎の血色の衰えが、誰の目にも明らかであったことが推察される。

医事評論の執筆の量も明らかに減ってきた。明治二十二年三月から二十三年九月までの一年半の分は、全集で五八四ページを占めている。それに反し、二十三年十月から二十六年四月までの二年半に発表されたものは、四五八ページである。一ヵ月あたり前者は三九ページ、後者は一五ページであり、前者の約四割にすぎない。一ページが原稿用紙二・四枚とすれば、一日平均一・二枚にすぎず、その他に文芸活動があるといっても、林太郎の筆力をもってすれば、かなりセーヴしていたということができるであろう。

登志子が遺した長男於菟は、ミネの手で育てられた。あるときミネは次のような述懐を洩らした。

「あの時自分たちは気強く女（エリーゼ）を帰らせ、お前の母を娶（めと）らせたが、父の気に入らず離縁になった。お前を母のない子にした責任は私たちにある。」

ミネのこうした反省がもっと早い時期に行われたならば、少なくとも登志子の悲劇は避けられたであろう。

傍観機関論争

日本医学会論

明治二十二年（一八八九）九月二十八日と十月二日号の『東京医事新誌』に、林太郎は「日本医学会論」なる論説を発表した。

当時医学界の長老的な人々の集まりであった乙酉会が、明治二十三年四月の勧業博覧会の開催を機会に、全国の医師に会合を呼びかけ、第一回日本医学会の創立を企てた。乙酉会の幹事、池田謙斎、石黒忠悳、橋本綱常、高木兼寛ら一三名が、各一〇〇円を醵出して日本医学会の基金とした。

ところが『医事新聞』が、こうした醵出金は、日本医学会を黄金をもって先輩たちが支配することとなると非難した。これに対し林太郎は、これは大檀那が金銀を喜捨して仏法を護持するようなもので、差支えないと乙酉会の行動を弁護した。しかし、もし大檀那に仏敵のような所業があるならば、敢然と戦うとの意志もほのめかしている。この頃から、林太郎は心の底に日本医学会に批判的な意見も抱いていたらしい。

そこへ「捫蝨居士」なるものが、日本医学会は時期尚早であるとの意見を寄せてきた。これに対する反論が「日本医学会論」であった。

もともと林太郎は、日本医学会に対し、ドイツの万有学会のような役割を期待していた。しかし万有学会の目的が学問の推進であるのに反し、日本医学会は「医学上の知識の交換」を目的としている。また万有学会が自然科学と医学との連合を企てているのに対し、日本医学会は自然科学を度外視している。

そこで林太郎の筆致は、表面は捫蝨居士の見解を抑えて、時期尚早論に反駁しているものの、ひそかにアイロニー的な表現で、日本医学会の企図も抑制しようとしている。

今の医学会の巨頭の中には、英米医学の積弊を受けて、自分では悟らずに、漫然と英米医の実学を称揚しているものがある。彼らのいわゆる実学は、自然科学やその研究法と何の関係もないのである。

ここで「英米医の実学を称揚するもの」といっているのは、高木兼寛の一派を指していることは明白である。当時高木以外に英米の学統を引くものはいないからである。

医学界の実情

日本医学会は、会員を医術開業免状を有するものに限っている。林太郎は、大部分の会員は一方的に知識を受取るのみであり、また会則の制定や改変に何の力も有していないことを批判している。

当時の全国医師の総数は四万三四三人で、その内訳は表11に示すようなものであった。林太郎の見解では、学会の会員たるものは、自ら実験もし、研究もする、業績（アルバイト）を持った人たちでなければならなかった。

表11　医師の種別

項　　目	人　員
大学出身者	1,041
特許医学校卒業者	744
開業試験合格者	4,072
府県免許医	32,839
奉職履歴による者	1,595
現地開業	43
外国医学校卒業者	9
合　　計	40,343

しかし林太郎が真の医師と考えた大学出の医師は、当時一千余人にすぎず、医師の大部分は開業試験によるものか、または府県免許医であった。こうした状況のもとにおいて、対等の学問的成果は期待できない。名前は学会であっても、実は教育集会にほかならない。だがそれは、林太郎が言うほど責めらるべきことであったろうか。

林太郎のこの論文は、表立って乙酉会や日本医学会を非難してはいない。しかし乙酉会の中心的存在で日本医学会の推進者であった石黒忠悳は、林太郎の真意を悟り、この論文に不快を覚えた。石黒は医界の大御所松本良順に迫り、明治二十二年十一月、『東京医事新誌』主筆の地位から林太郎を解任した。日本の代表的な医学雑誌に、得意の論陣を張っていた林太郎は、僅か一年に満たずして、その地位を去らねばならなかった。

医学啓蒙の志

これより先、明治二十二年三月、林太郎は『衛生新誌』を創刊している。『東京医事新誌』が医家向きの雑誌であるのに対し、『衛生新誌』は一般国民に対して衛生知識の普及を目的としたものだった。その創刊号に、

嗚呼間違つた世の中です。衛生とは煉瓦の家に住んで、西洋料理を食ふことではありません。……此新誌の過半は、中浜東一郎、森林太郎両学士が、衛生専門で洋行し、各五六年蛍雪の苦を積んで汲まれた衛生学の源流を、素人諸君の口に叶ふ様に塩梅したものです。

という広告が載っているが、林太郎の抱負を示すものであろう。同じ創刊号の林太郎の「服乳の注意」は、

搾り取つた牛乳の腐れ易いことは世の知る所です。この腐敗は、もと細菌といふ下等な生活物の働きで、この生活物は決して牛の乳房の中に居るものではありません。

と平易な「です、ます」調で、誰にもわかりやすいように衛生知識を説いている。

乳は実に結構な食物です。一品で色々な食素を含んで居て、人の体を滋養するものは、此外にはありません。然し母乳の供給は需要を満たすことが出来ませんから、勢ひ牛乳を以て補はざるを得ません。其牛乳が嘔吐を促すの、下痢を起こすのといふのは、皆な牛乳に冤罪を負はせたものです。牛乳の為めに冤を雪ぐ最良の策は何です。――牛乳に滅菌法を施すの

です。

こういって林太郎は、消毒もできる服乳器を勧めている。当時としてやむを得なかったのかも知れないが、個人に消毒を勧めるやり方が、公衆衛生の本道とは思われない。やはり牛乳業者を指導し、一括して消毒を行うよう勧奨すべきではなかったか。

ともあれ近頃よく言われるように、「自分の健康は自分で守る」べきであって、お役所任せにすべきものではあるまい、と考えた林太郎の意気は壮とすべきであった。

『医事新論』の創刊

『東京医事新誌』の主筆を追われたことで、林太郎の前途に暗雲がたちこめたが、林太郎は屈しなかった。明治二十二年十二月、『医事新論』を創刊して、『東京医事新誌』に対抗しようとした。

『医事新論』創刊号の巻頭に「敢て天下の医士に告ぐ」と題して林太郎が筆を揮った。

昔日張儀、辱(はずかしめ)を得たるとき、その妻に問ふて曰く、吾舌の尚ほ在るや否やを見よと。その妻笑て曰く、舌在りと。儀が曰く、足れりと。余は明治二十一年九月を以て郷に還り、今茲(ことし)一月を以て東京医事新誌の緒論欄を創め、前月の初に至るまで此業を持続せしが、賦性疎放にして、議論硬直なるが為に、屢々(しばしば)不測の禍を買ひ、積威の加はる所、遂に我可愛の緒論欄を倒すに至れり。……応(まさ)に反動力の此機に乗じて起り、洪水横流して、余を万頃の波底に埋めんことを慮(はか)りしならん。然れども……余は嘗て誓ふて曰く、吾今日の名誉は害(そこな)ふべし、吾後年の事業は礙ぐべし、吾志は奪ふべからず。

張儀の故事を引いて、「わが志は奪ふべからず」と慷慨淋漓たるものがある。しかし一方、「余の医林におけるや、現に敗軍の一将たり。伶仃孤立、狽の狼を失ひしが如く、海月の蝦を離れしが如し」と、敗勢を認めざるを得なかったのである。

あたかもこの時期（二十三年一月）に『舞姫』は発表された。この時期について注意を喚起されたのは、『医師としての森鷗外』の著者伊達一男氏であった。この頃林太郎は敗北を自覚していたが、なお決然として抵抗を続けて行く覚悟であった。そうした危機時における『舞姫』の発表は、あるいは一つの自己弁明であり、あるいは積極的な自己主張ではなかったか。「敢て天下の医士に告ぐ」と『舞姫』とは併せて一本として読むべきものとの伊達氏の見解には傾聴すべきものがある。

第一回日本医学会

第一回日本医学会は、明治二十三年（一八九〇）四月一日より七日まで、全国より約二〇〇〇人の会員を集めて盛大に行われた。

これに対し林太郎は、『医事新論』六号の「第一回日本医学会余波の論」という論説に、皮肉な筆致を隠そうとはしていない。

余は講釈めきたるものの多かればとて、之が為に不平を鳴らすものに非ず。……何となればわが邦今日の勢にて、乙酉会諸氏のなししが如き方法にて、第一回日本医学会の如きもの

> を催すときは、固より此の如くならざること能はざる理由あればなり。

持って廻った言い方であるが、要するにこの日本医学会が、単なる知識交換会にすぎず、学問を推進する会でないことを責めているのである。

だが「知識交換会」では何故いけないのであろうか。林太郎の後を受けて『東京医事新誌』の主筆となった岡田和一郎は、

> 日本医学会、余その開会を待つこと久し。……其の開会を待つ所以の者は、全国の同業者、互ひに知識交換の目的を以て、府下に会合するといふ一事是なり。

と知識交換の意義を強調している。

だが林太郎は、

> 一辺に主として知識を与ふる諸名家あれば、一辺に主として知識を受くる会員あり。師徒の名分、隠然として此間に存せり。是れ日本現事の医学景況の然らしめし所なるのみ。

つまり知識の交換ならばまだよいが、上意下達の一方的伝達なるが故によくないと、批判するのである。当時において、東京と田舎との格差、大学卒業者とそれ以外の医家との水準の差は、格段のものであったろう。そうしたなかにあって、知識の一方通行もやむを得ないものがあったのではなかろうか。そうした情勢下に、日本医学会なるものも、開設すればしただけの効果はあったと思われる。今日の眼からみて林太郎の意見はやや頑なにすぎ、あるいは自分の学問的特権

を守ろうとする議論のように見える。

鎮静期　明治二十三年十月、林太郎の主宰する『衛生新誌』と『医事新論』の二つの雑誌が合併されて、『衛生療病志』が生れた。さすがに二つの雑誌を編集発行して行くことが困難になったためであろう。

文学面においても、沈静の傾向が認められる。二十二年十月、雑誌『文学評論しがらみ草紙』が発行され、近代ヨーロッパ文学の伝達を目的とした日本最初の評論雑誌として、活発な批評活動を展開したが、二十四年頃からやや下火になってきている。二十四、五年度の発表としてめぼしいものは、ドイツ三部作の最後の小説『文づかひ』と、坪内逍遥との間に交した「没理想論争」などがあるのみである。『文づかひ』は、聡明な女性イイダが気に染まぬ結婚を避ける物語で、ここには軽率な結婚をした林太郎の反省が見られる。

医学面の仕事としては、ツベルクリンへの対応があった。

一八九〇年にコッホが発表したツベルクリンは世界的反響をまき起こした。今日では診断的価値しか認められないが、当時は結核の治療薬として期待されたのである。わが国でも過熱した反応が起きた。林太郎自身にはツベルクリンについての意見はなく、ただ諸家の報告を紹介するのみであったが、コッホの直弟子であるだけに、どちらかといえばツベルクリン擁護の筆致が見られる。

第二回日本医学会　明治二十六年（一八九三）四月、第二回日本医学会が北里柴三郎を会頭として、東京で開催された。出席者は約一三〇〇名、第一回に比し減少している。かねて批判的な意見を持っていた林太郎は、二十六年五月『衛生療病志』誌上に「傍観機関」を設け、激しく日本医学会を論難した。

反動とは何ぞや。我国医界の二三老策士が、近時学問権の学者の手に落ちんとするを妨ぐる諸運動を指して云ふなり。二三老策士とは何ぞや、多くは是れ昔時某会といふ一結合を起したりし所謂医略家なりといふ。（傍点原文）

歯切れのよい文章ではあるが、策士とか医略家とか呼ばれた人物にとっては、面白からぬ意見であったろう。ここに老策士とか反動とか言われているのははたして誰なのか。それは当時においては明白だったのであろうが、今日知ることは容易ではない。医師として鷗外を論じている人に、宮本忍・浅井卓夫・丸山博等の諸家がいるが、老策士を明確に指摘してはいない。ただ伊達一男氏のこの問題に関係する原稿が行方不明なのが惜しまれる。伊達氏は昭和五十二年（一九七七）、五十歳の若さで世を去られたので、今では永遠の謎となってしまった。

老策士のプロフィル　さて林太郎の描く老策士の面影を見てみよう。はじめは二、三老策士といっているのであるが、のちには「一老策士」となる。

一老策士あり。我国の医学界に今日ほどの人物だになかりし時、重要なる地置（ママ）を占めたりき。後、少年学徒に容れられずして去りぬ。反動機関はこの人の故（もと）の地位に復せんことを願ひ、……この人を歓迎すべしといふ。……老策士は近年学者のために、おのが折々非学問的動作をなしたるを訐発（けつぱつ）されて、頗る沮色（そしよく）ありけるに、偶々北里氏の帰れるに逢ひて、忽ち（たちま）これを迎へて親友と喚び做（よな）し、これが声名のために斡旋（あつせん）し、人々に向ひては、今こそ我党に北里氏あれ、他の少壮学者能く何事をか為さむと威張りたり。……

老策士は我国医界に於て、過去に功績ある人物なり。余們（よもん）はかの某官廨、某病院、某学校を起したりといふが如き実世界の事業をば、学問上の発明をなし「アルバイト」の結果を出すが如き理想界の事業の下にありと信ず。……余們は唯かの老策士が、学問の理想界に侵入し、第一回日本医学会の発起人となり、……かく組織したる教育会に学会の名を僭称（せんしよう）せしめたるを以て、妥（だ）ならずとなすのみ。……

若（も）しそれ第二回日本医学会は頗る（すこぶ）第一回に殊なるものあり、老策士は自らここに手を下さず、二三学者の実世界の利を見ること、理想界の益を見るより重きものありて、老策士及其他の老医を請出して、名誉会頭となしたり。……

若（も）し余が中傷したりとする人を、彼医科大学長候補なりとせば、是れ余們が一滴丈夫の涙を灑（そそ）がざること能はざる所なり。余們は候補者その人を悪（にく）むにあらず。又其過去に功績あるを認めざるにあらず。奈何（いかん）せん、此人反動の風潮にさそはれて、よしなき再挙を企てられたるを。

これらの言葉から、老策士の人物はおのずから明らかになってくる。過去に盛名があり、現在は役職についていない。北里柴三郎の親友と称している。第一回日本医学会の発起人、第二回の名誉会頭の一人である。医科大学長候補の一人である。これらの条件から、石黒忠悳でなかったことは明白であろう。石黒は当時役職にあり、また大学の学長候補に立候補していない。

官学至上主義　しかし「傍観機関論」の意義は、この老策士の排撃のみにあったのではない。より大きな意味は、当時四万の医師の大部分を、林太郎が「皇漢医」「捷径医」「方便医」などと呼んで、学問の堂上から追放しようとしたことにある。学問の正道を守るために、これは致し方のないことと林太郎は称したが、はたしてそれが正しい態度であったのだろうか。

伊達一男氏はいう。

当時の日本の医学を支えていたのは、まぎれもなく鷗外があたかも医師でないかのようにいった彼らである。しかし彼らを除外して、当時の日本でどんな医療が成立したであろうか。問題はたしかにその低さであった。彼らの医学的教養は、鷗外の目からみれば極端に低かったであろう。……しかしそれだからといって、彼らの実力にふさわしい学会を組織し、聴講させることは、日本の医学のための阻害行動であっただろうか。……教育集会に多くの医師を参加させ、傾聴させ、発言させ、討論することは、それらの医師をして独立の科学者に成長させるために、ぜひとも通らせねばならなかった道ではなかったか。それはむしろ啓蒙家鷗外のなすべきことではなかったか。

この見解は正しいと思う。一方、進歩的な衛生学者として著名な丸山博氏は、全面的に林太郎の意見を支持している。この態度の差は、丸山氏が官学の人であり、伊達氏が在野の士であることに由来しているように思われる。

森林太郎は官学の士である。ただに東大の出身たるのみならず、終生官学を擁護して倦むところがなかった。「傍観機関」の別のところにおいて、

> 余們は、信を大学より出でたる医に置くこと深くして、信を内務考試より出でたる医に置くこと浅し。……医学はこれを研き、これを究むるには、独り脳髄と手腕を要するのみならず、亦種々の必要なる機会に遇ひて、以て観察を積まざるべからず。この機会には、実に唯官校においてのみ遭遇すべきもの多し。否ず官校と雖も、彼高等中学医学部の如きは此の如き機会いまだ多からずして、その充分にこれあるは、僅に一の大学医学部あるを見るのみ。

当時官学の大学としては、医科大学（東大）があるのみであった。かくの如く強固な東大への信頼は、林太郎の生涯を通じて変わるところがなかった。これが林太郎の限界をなしたことにも自ら気がつかなかった。

傍観機関論争は、山谷徳治郎らを相手として一年余にわたって続けられた。その大部分は文字の末節に囚われた瑣論（さろん）であり、医界をも林太郎をも益するところは少なかった。

明治二十六年十一月、小池正直は医務局第一課長、森林太郎は軍医学校長に補せられた。留学において小池に先んじた林太郎が、この頃から小池の後塵を拝するようになる。それが石黒忠悳の意向であったことは疑えない。小池・森の間にもようやく疎隔が兆し始めていた。

日清戦争とその後

中路兵站軍医部長

日清開戦

明治二十七年（一八九四）八月一日、日本は清国に対して宣戦を布告した。朝鮮半島をめぐって両国の対立は極限にまで達していたのである。日本は第五（広島）・第三（名古屋）師団を送って、第一軍を編成した。第一軍は平壌に向かって進撃し、九月十六日にこれを占領した。

軍医学校長・一等軍医正（中佐相当官）三十三歳の森林太郎に出征の命が下ったのは、八月二十五日であった。大本営直轄の中路兵站（へいたん）軍医部長に任ぜられ、二十九日には野戦衛生長官石黒忠悳（ただのり）の訓示を受けた。中路兵站部は、釜山から漢口渡場までの兵站（物資や人員の輸送）を司る。林太郎の職務は兵站部の衛生業務であり、かねて釜山に兵站病院を開設することであった。同日午後十時、新橋駅を出立した。これによって医学雑誌『衛生療病志』と文学雑誌『しがらみ草紙』とはともに廃刊を余儀なくされた。

中路兵站軍医部報告

九月五日、釜山から林太郎は石黒宛に第一回の報告書を送った。それには輸送船田子浦丸が狭小で通風が悪く、患者に悪影響が予想されると記されている。

第二回の報告は、九月九日に発せられた。釜山より漢江までの陸路の状況が詳細に記載されている。概して道路は狭く、凹凸激しく、小石が露出していて車行は困難である。この悪路を通って、物資や兵員の輸送ができるのか。林太郎とその周辺の意見は、むしろ海路に頼った方がよいとするのであったが、それにも制海権が確保されていないという難点があった。道路の改修は、焦眉の急務として中路兵站部に課せられてきた。

その間にも、日本人の工夫と韓国民衆との小競合（こぜりあい）が頻々と起きた。韓国人の多くは日本に好意的でなかった。韓国人は石を投げ、矢を射かけ、日本側は銃をもって応戦し、双方に多くの死傷者が出た。

一方、林太郎はもとの日本共立病院を利用して、釜山兵站病院を開設した。また本願寺を接収したり、新築の仮舎を建てたりして、全部で三七〇人を収容することができた。

韓国南部では飲料水を得ることが困難であった。井戸を掘っても鉄分が多く、飲用に適さない。洛東江の水には衛生上問題がある。陸軍の軍医の中にさえ、腸カタルを起こすものが少なくなかった。

平壌からさらに北進を続ける第一軍は、陸路の運搬力が貧弱なため、いちじるしい食糧難に悩まされた。内地米が来ないので、精白不足の韓国米を徴発し、粟・小豆などを混ぜて主食としたが、量は常に不足していた。副食物はさらに欠乏してひどいものだった。

林太郎が石黒に宛てた報告書「中部兵站軍医部別報」は一八通を数えるが、道路の説明が最も多く、ついで軍医や看護手の配置や飲料水の状態などの記述が目立ち、収容した患者の人数や種別などは記載されていない。

山田弘倫の『軍医森鷗外』によれば、

朝鮮に於ての中路兵站軍医部長たりし間は余程苦心されたものであろう。当時将卒は酷暑炎熱に暴露（ばくろ）し、その上韓国は大旱で、……渇病（日射病）は多発し、……且つ赤痢患者が頻発したため、この収療救護の困難は、蓋（けだ）し想像以上のものであった。

凄惨な状況が推測される。しかし中路兵站軍医部の扱った患者数が不明なので、具体的な状態は把握できない。

中路兵站部の終り

九月十七日、戦史に残る黄海の海戦が行われた。丁汝昌（ていじょしょう）の率いる北洋艦隊と、日本の連合艦隊とが、黄海の海洋島付近で遭遇したのである。戦力はほぼ均衡しており、戦闘は四時間にわたり、両軍の砲火が殷々（いんいん）と海上にこだました。しかし清国の三艦が沈没し、巨艦の定遠、鎮遠は大損害を受けて遁走したのに対し、連合艦隊に沈没した船はなかった。この一戦で、黄海の制海権は日本に帰し、兵員や物資の輸送も海路に由ることができるようになった。この頃までに陸路の改修はかなり進んでいたが、もはやそれに頼る必要が薄くなった。

「中路兵站部」は「南部兵站部」と改称され、任務は縮小された。十月一日、森林太郎は白川丸に乗船して釜山を去った。一旦広島に戻り、大本営野戦衛生長官室で石黒忠悳に会い、戦地の事情を説明した。

十月十六日、林太郎は第二軍兵站軍医部長に任命された。

第二軍兵站軍医部長

第二軍、遼東に向かう

第二軍は大山巌（いわお）を司令官とし、第一（東京）・第二（仙台）師団と第六（熊本）師団の一部で編成され、遼東半島への進出を目的としていた。林太郎は第一師団と共に宇品港を発った。一七隻の戦艦に護衛されて、戦地に向かう輸送船三三隻の航行は壮観だった。

十月二十一日、船団は大同江口の魚隠洞に寄った。ここで林太郎は、第二軍軍医部長土岐頼徳に呼ばれて、長門艦に赴（おもむ）いた。そこには土岐と、第一師団軍医部長菊地常三郎とがいて、

「この艦に赤痢患者が発生し、感染の虞（おそ）れがあるので、艦においておけない。兵站部の方で引きとってくれ。」

との要請を受けたが、林太郎は、

「大同江南岸は南部兵站に属し、第二軍兵站に属しておりません。それは大同江司令部にお頼みになるのが筋でしょう。」

と断った。林太郎としては筋を通した心算であったろうが、これが土岐頼徳との間に隙（げき）を生じる発端となった。

患者の多発

十月二十四日、第二軍は遼東半島の南岸、花園口に上陸した。林太郎は広い民家を接収して兵站軍医部とし、ここに患者を収容しはじめた。二十七日までに、赤痢二名を含む一五人を収容した。ついで二十八、二十九日に五一人の患者を入院させたが、うち一四人は内地に送還した。これらの患者の種別は記載がないのでわからない。しかし宇品を出港してから二週間しか経たないのに、かくも多数の患者が発生していることは、前途の多難を思わせるものであった。

ついで林太郎は、花園口と皮子窩に兵站病院を開設した。十一月六日に花園口病院の入院は一三九名で、赤痢五五人、腸チフス一人が含まれている。皮子窩病院は十一月五日に開設し、早くも患者九〇人に至った。

六日に日本軍は金州城を攻略した。大連を守っていた守備隊は逃亡した。朝鮮半島の第一軍は北上を続け、鴨緑江を渡って清国領に入り、遼東半島の東の付け根の大孤山まで進んで、第二軍と連絡することになった。

その間に、第二軍の主力は旅順の攻略に向かった。だがその隙を衝いて、復州方面にいた清国軍が金州城を襲った。柳樹屯の軍医部と、金州城の距離は僅か三里（一二キロ）にすぎない。林太郎は患者搬出の順序を定め、握り飯などを用意して敵襲に備えた。七〇〇〇の清国軍に対し、金州の守備兵は二〇〇〇にすぎなかったが、勇敢に戦って、清国軍を撃退した。

十一月二十一日、旅順が陥落したが、上陸以来最も激しい戦闘で、死者四七、負傷者二四一人の犠牲を出している。

柳樹屯・旅順兵站病院

十一月二十二日、柳樹屯兵站病院が開設され、患者一二〇人を収容した。戦傷者四八人、赤痢・腸チフス各二名を含んでいる。一方、金州戦地定立病院には、負傷者四九人、病者八一人が入院している。

さらに旅順にも兵站病院を開設した。

夫レ旅順ハ一旅団ノ守備地ニ過ギズ。若シ衛生予備員ヲ挙ゲテ之ニ赴カシムルコトヲ得バ、必ズシモ復タ兵站病院ヲ置カザルナリ。而ルニ曩ニ守備員ヲ割イテ金州ニ留マラシメ、今又此人員ヲ旅順ニ派ス。皆土岐軍軍医部長ノ籌算ニ拠ルナリ。

と林太郎は石黒あての報告書に記した。土岐第二軍軍医部長に対する批判的な感情が、この文面にほの見えている。

十一月二十八日現在、金州戦地定立病院には、負傷者九一人、病者七一人、柳樹屯兵站病院は、

傷者四三人、病者六四人、そのうち伝染病は赤痢一一人、腸チフス三人であった。旅順兵站病院は早くも患者二六五人を入れているが負傷者が多い。

十二月十四日に、柳樹屯兵站病院は傷者二三人、病者九二人、うち赤痢二八人、腸チフス一七人であった。金州戦地定立病院は金州兵站病院となったが、傷者一人、病者二一人を収容している。他に俘虜傷者三四人、市民傷者四人がいる。旅順兵站病院は、傷者二六人、病者三七人を入れている。

極寒との闘い

十二月に入ると、気温はますます下り、大連湾の一部が凍結しはじめた。寒暖計は室内でも氷点下を示す。

極寒の中での行軍は惨澹(さんたん)たるものであった。寒冷のため四肢はまったく知覚を失い、ややもすれば凍傷を生じた。村にはいっても民家は兵火にかかり、ただ壁が立っているだけで、暖(だん)を取るために焚くものもなかった。握り飯もみな凝結して、石塊のようで嚙むこともできない。融かそうとして焚火の上に載せると、表面は焦げて灰になるが、核心は依然として氷塊であった。鍋の中に入れて煮ても、外側は粥(かゆ)のようになるが、内側はやはり氷である。煮ても焼いても食えないのである。水筒は中の水が凍って破裂することが多かった。

是ニ由リテ之ヲ観ルニ、方今急務、実ニ禦寒(ギヨカン)ヨリ急ナルハ莫(ナ)シ。

と林太郎は報告書に記し、凍結しない食糧としてビスケットの携行、厳寒時の運搬作業の中止、下袴の股前に綿を装着すること、水筒はアルミニウムで作りフィルツ（フェルトまたはその類似品）で包むことなどを提案している。

明治二十七年末、柳樹屯兵站病院にいた俘虜患者の一人は、両脚の凍傷から壊疽を生じたため、両脚を切断したところ、一夜繃帯を頸に巻きつけ自殺を計った。「既ニ両足ヲ失フ、何ニ縁リテカ活ヲナサン、死スルニ若カズ」というのだが、こうした悲劇は清国人のみであったろうか。内地に後送した九〇五人のうち、凍瘡者は三五人と記されている。壊疽を来した凍傷者は、当時の技術では切断のほかなかったのではなかろうか。

明治二十八年（一八九五）一月十六日現在、柳樹屯兵站病院は、創傷二〇人、疾病二一三人、うち赤痢四人、腸チフス四七人を収容していた。金州兵站病院は創傷一人、疾病五〇人を入れている。旅順口兵站病院は、創傷六人、疾病六三人、うち赤痢一名、腸チフス八人、未詳熱症七人の患者を収容していた。

以上煩を厭わず、林太郎が関係した病院の入院患者数とその種別を列記してきたが、脚気患者の記載のまだ一回もないことに注目する必要があるだろう。

山東半島への転進

一月十九日、林太郎は転進命令を受け、船で山東半島へ渡り、その南岸、龍鬚島に上陸した。第二軍の主力が、清国海軍の根拠地威海衛を攻めることになり、林太郎もこれに従ったのである。第二軍は雪中の行軍に悩まされながら、要衝栄城を攻略した。

一月二十五日より二月一日までの間に、栄城患者休養所で烈しい吐瀉を来したものが二〇人もあり、うち一三人が死亡した。新たな難病の襲来を感じさせるものがあった。

二月十二日、威海衛は陥落した。占領した威海衛を視察した林太郎は、二十八日に柳樹屯の旧居に戻った。

第二軍の戦闘はほとんど終っていた。だが軍医部の闘いは、むしろこれから始まろうとしていた。輸送船中にコレラが発生したのである。

柳樹屯兵站病院は、三月十三日現在、外傷一一人、疾病一〇九人、うち腸チフス二人、痢四人、脚気二人、仮痘一人を数えている。ここではじめて脚気がさりげなく出現している。三月五日以後の後送患者は三九五人、うち外傷二六六人、腸チフス八人、消化器病二八人とあり、特に消化器病を挙げるのは、コレラ症を含むことがあるためと注記されている。

脚気俄かに増加

日本軍はすでに鞍山・牛荘まで進出していたが、遼東湾に臨む蓋平に戦地定立病院を設置した。ここには外傷一六六人、疾病一二二四人の厖大な患者が収容されていた。遼東の野に疾病は多発し、中には肺結核や天然痘の患者もあった。兵站軍医部では全員に種痘を実施した。

四月十一日、林太郎は新設の金州半島兵站軍医部長谷口謙と協議することを命ぜられた。谷口とはドイツ以来の因縁である。二人は当然コレラ対策などについて協議しただろう。

旅順口兵站病院は、金州半島兵站軍医部に属することになった。当時患者四五五人の中に、外傷二五人、疾病四三〇人、うち腸チフス一一二人、痢三人、痘三人、脚気一二七人を数えている。脚気が俄(にわ)かに増加していることが注目される。

金州兵站病院は、外傷五六九人、疾病三六二人、うち急性胃腸炎（コレラ?）七五人を含んでいる。蓋平戦地定立病院では外傷四人、疾病二三八人、うち凍傷一八六人と記録されている。

日清戦争の総括　ここで日清戦争全期間を通じて、病気の総括をみておこう。表12に示すように、患者数、死亡数とも尨大な数にのぼっている。約一七万の動員兵力のうち、病気による死亡が一万六〇〇〇、ほぼ一割に及んで

表12　戦地及び内地入院患者総数
（明治27年6月6日～28年12月31日）

病　　名	患者数	死亡者数	死亡率(%)
脚　　気	34,783	3,944	11.3
腸チフス	5,248	1,493	28.4
コ レ ラ	9,753	5,709	58.5
マラリア	11,214	665	5.9
赤　　痢	12,205	1,964	16.1
その他の神経系病	1,492	135	9.0
急性胃腸カタル	13,138	1,703	13.0
その他の胃腸病	11,102	381	3.4
その他の栄養器病	2,601	23	0.9
合　　計	101,536	16,017	

いることは、戦死・戦傷死の合計が一二七〇名であるのに比して、あまりに過大な印象を受ける。日清戦争の戦地を「全ク衛生上ノ暗黒界ナリ」と呼んだ批評さえある。

もちろん森林太郎をその責任者とする心算はない。林太郎は一局部の兵站軍医部長にすぎなかった。現地の衛生施設の劣悪さ、過酷な気候、食糧や衛生物資の補給難等、いかんともなすべからざる悪条件が多かったには違いない。しかし現在残っている「第二軍兵站軍医部別報」四〇報の中に、こうした多大の戦病死を生んだことに対する反省や原因究明はまったく見られない。もちろん公的な報告書としての制約はあり、またその時点で戦病死者の全数を予見しえなかったという言訳はあるであろう。しかし疾病者の数が当初から異常に多かったことは、林太郎も十分感得していたはずであった。

しかも戦病者中約三分の一、死亡者中四分の一を占めている脚気について、僅か三ヵ所を除いて、林太郎の報告書に現れていないことを指摘しなければならない。

だがこの問題を十分理解するためには、日清戦争勃発前からの陸軍における脚気の歴史を顧りみる必要がある。

陸軍の脚気の歴史

明治初年以来、日本の陸軍は海軍と同様、莫大な脚気患者の発生を見ており、明治十七年（一八八四）まで死亡者もまた少なくない。

堀内利国の奮起

この脚気対策として、陸軍に麦飯の導入を提案したのは、大阪陸軍病院長一等軍医正・堀内利国であった。

堀内は弘化元年（一八四四）丹後の生れで、京に出て新宮涼閣に学び、さらに長崎に遊んでポンペ、ボードインらに師事して蘭医学を修めた。明治八年（一八七五）、大阪鎮台病院長となり、十一年熊本鎮台病院長に転じたが、十五年に大阪陸軍病院長に復帰した。

明治十七年四月、大阪において野外演習を行った直後、七十余名の脚気が発生、ことに急性症状の重症が多かった。そこで脚気対策に思いを致したというが、実は当時の三等軍医重地正巳の示唆によるところが大であった。最初重地が体験談から麦飯を勧めたのに、堀内は笑って顧りみなかったが、大分県・兵庫県の監獄で囚徒に麦飯を与えたところ、脚気が激減したとの話に、急に乗り気になった。堀内は監獄の状況を調査のうえ、上申した。

　利国以為ラク、兵営ノ衣食住ト監獄ノ衣食住トヲ比較スルニ、衛生上ドノ点ヨリ之ヲ考フルモ、兵営ニ利アツテ監獄ニ利ナキハ、論ヲ俟タザルナリ。然ルニ我ニ脚気ノ患アツテ、彼ニ脚気ノ患ナキハ、其効果シテ麦飯ニ在ル歟。

しかし聯隊長の間には、「麦飯は下層民の常食である。それを忠良の兵士に支給するとは怪しからん」との反対意見が強かった。だが大阪鎮台司令官山地元治少将は、堀内の熱意に動かされて、明治十七年十二月より一年間、麦飯を試用することになった。

その結果、翌十八年より脚気患者が激減したので、さらに継続して行われることになった（表13）。時あたかも海軍では、高木兼寛の実験が成功し、脚気患者が激減しつつあった。

これに刺激されて、近衛軍軍医長兼東京陸軍病院長緒方惟準も、近衛師団において三割の麦飯を給与したいと上申し、近衛都督彰仁親王の許可をえて、実施に踏切った。その結果、十九年より脚気の激減がもたらされた。その結果を表14に示す。

このような情勢をみて、第五師団（広島）、第一師団（東京）、第二師団（仙台）、第三師団（名古屋）、第六師団（熊本）が陸続と麦飯支給を実施し、明治二十四年までにほとんど全師団が米麦

表13　陸軍脚気累年表

年　次	新患数	罹患率(%)	死亡数	死亡率(%)
明治17	9,793	26.4	209	2.0
18	6,232	14.4	63	9.5
19	1,563	3.5	44	2.5
20	2,403	4.9	77	3.1
21	1,807	3.7	65	3.4
22	789	1.5	39	4.6
23	500	1.0	29	5.6
24	265	5.2	6	2.2
25	64	1.2	0	0
26	113	2.1	2	1.6

表14　麦飯による脚気患者の減少

年　次	大阪鎮台罹患率（%）	近衛師団罹患率（%）
明治11	58.1	26.9
12	39.5	12.5
13	31.1	11.2
14	23.6	22.9
15	24.7	37.0
16	42.8	49.0
17	35.5*	48.7
18	13.2	27.0**
19	5.6	2.9
20	7.9	9.8
21	3.0	2.7
22	1.0	9.6
23	0.3	2.5
24	0.8	1.3
25	0.5	3.2
26	2.9	1.6
軍　医	堀内利国	緒方惟準

注　＊　12月より麦飯　＊＊　12月より麦飯

混合食に移行した。ただし中央の指令ではないので、一年中のある時期に限るとか、混合率も各師団まちまちという不統一なものであった。

米食派の反発

麦飯の脚気予防効果は、誰の眼にも明らかであったが、陸軍軍医本部は麦飯採用に反対の立場を取り続けた。表向の理由は、白米食が日本人一般の好みであること、麦飯が下層者の食事であること、麦が腐敗しやすく炊事にも手間がかかることなどであったが、根本的には軍医本部の実力者石黒忠悳（ただのり）が脚気の微生物原因説を取っているためであった。なお米作農民への配慮という農業経済的政策を理由の一つに挙げる人もある。

その頃、東大教授の緒方正規は「脚気病源菌発見」を報告し、同じ東大の大沢謙二も消化吸収の面から麦飯に反対した。しかし石黒忠悳への最も力強い支持は、森林太郎の兵食に関する一連の論考であったろう。林太郎の説は、直接脚気に触れていないにもかかわらず、米食の優秀性を強調しているので、石黒が自説の強化に大いに利用した。

明治二十年、陸軍二等薬剤士大井玄洞が近衛師団において行った兵食実験も、石黒忠悳と緒方惟準の間に挟って、歯切れの悪い結論となっている。

明治二十年二月、緒方惟準は、麦飯を推進した部下の軍医が、石黒の策動によって退職させられたことに腹を立て、一五年勤務してきた陸軍を罷（や）め、大阪に私立緒方病院を開いた。だが後任の軍医長土岐頼徳の手によって、近衛師団の麦飯はいっそう推進された。

明治二十年二月、明治天皇の大阪行幸に際して、第四（大阪）師団長高島鞆之助は、麦飯給与によって脚気が激減したことを報告した。天皇は悦び、さらに詳細な状況を求めたので、堀内が拝謁して実情を奏上した。

こうして天聴にも達した脚気予防案を、高島と堀内は全国の会議でも提案しようとしたが、中央の医務当局者はきわめて冷淡であった。そのとき大学から呼ばれた大沢謙二が麦飯反対の講演を行ったことに激怒した堀内は、進退を決しようとしたが、松本良順に慰撫されて思い止まったといわれる。

しかし石黒忠悳は積極的に各師団に干渉して、麦飯を止めさせようとまではしなかったので、脚気減少の傾向は日清戦争勃発前まで続いた。

戦地には米を

だが一度戦争が起きれば、戦地への食糧の輸送は、一括して中央で行うようになる。このとき陸軍の運輸通信部長は寺内正毅であった。寺内はかつて脚気を患い、それ以来麦飯を主食としていた。そこで戦地にも麦を供給しようとしたが、野戦衛生長官石黒忠悳の横槍に会った。

「麦飯が脚気予防に効果があるということは、科学的に立証されておりません。陸軍では米飯をもって正当な主食としております。陛下の御為に命を賭けて戦っている兵士に、麦を送るなどとはもっての外であります。」

表15　日清戦争陸軍脚気患者地域別分類

地域	兵員数	患者数	罹患率(%)	死亡数	死亡率(%)
韓国	13,520	1,665	12.3	142	8.5
清国	77,720	14,576	18.8	1,565	10.7
台湾	23,338	21,087	90.4	2,104	10.0
戦地計	80,442	37,328	46.4	3,811	10.2
内地	65,014	4,103	6.3	253	6.2
総計	145,036	41,431	28.6	4,064	9.8

この言葉によって、戦地には米のみが送られることになった。

建前としては、一人一日あたり白米六合のほかに、鳥獣魚肉四〇匁、生野菜四〇匁または乾物類一五匁が送られることになっていた。しかし副食物の補給は続かず、実際の給与はきわめて悪かった。ことに韓国北部の第一軍に対しては、主食も滞り、韓国米を徴発していたことは上述のとおりである。その結果はどうであったか。表15に示すように、韓国にいた第一軍が脚気の罹患率・致命率ともに最も低かった。清国に渡った第二軍に対しては、すでに制海権を握った後であったから、補給は比較的潤沢であった。しかもここで一八・八％という空前の脚気罹患率を出したのである。

たまりかねた第二軍軍医部長土岐頼徳は、軍司令官に次の意見書を出した。

昨年十月上陸以来、各部隊ニ於テ間々(ママ)脚気症ニ罹(カカ)ル者アリ。……右予防として、本国常居ノ如ク麦飯御給与相成度ク、若シ右施行困難ノ場合ニ於テハ、三食ノ内一回ハ必ズパン又ハビスケット御給与相成候様致シ度ク、此ノ段稟申候也。

この稟議は何故か実行に至らなかった。この時第二軍の兵站軍医部長は森林太郎であったから、これが実現されないのは森の妨害によるものと、土岐が考えたとしても無理からぬものがあった。

そこで土岐は重ねて、

抑モ麦飯ノ脚気予防ニ抜群ノ功績アルハ、近時十数年間、陸海軍ニ於テ着実事ニ従フ者ノ確信シテ疑ハザル所ナリ。然ルニ一朝海外ニ事アルニ及ンデ、不言ノ間ニ麦飯ノ支給ヲ中絶シ、終ニ脚気再燃ノ不幸ニ陥ルニ至ラシメタルハ、豈慨嘆ニ堪ユベケンヤ。……麦ハ米ニ比シ運搬保存ソノ他に於テ、稍困難ナ事情アリシニ由レルナラン。然レドモ脚気ハ平戦両時ヲ論ゼズ、我陸軍ノ一大弱点タルヲ察セバ、万難ヲ排シテ之ヲ断行セザルベカラザルハ、又喋々ヲ要セザルヤ明カナリ。

と麦の補給を強く迫ったのである。

しかし間もなく日清講和に至ったことは、外地の日本軍にとって幸せなことであったが、この議論の結着がつかなかったために、後に大きな禍いを残すことになった。

台湾遠征

日清講和　明治二十八年（一八九五）四月十七日、下関会議の結果、次の条件で日清の講和が成立した。

一、清国は朝鮮を完全な独立国であると承認する。
二、清国は日本に、遼東半島と台湾および澎湖島を割譲する。
三、清国は償金二億両（テール）を日本に支払う。

ただし、このうち遼東半島の割譲については、ロシア・ドイツ・フランスの三国から重大な物言いがついた。遼東半島の割譲は、朝鮮の独立・清国の安全をおびやかすゆえに、東洋平和のため、日本はこれを放棄すべきであるというのである。

日本にはこれを拒否するだけの力がなかったので、やむなくこの要求をのんだ。多くの新聞雑誌は「臥薪嘗胆（がしんしょうたん）」を叫んで、他日の復讐を呼びかけた。

一方、台湾においては、中国系本島人が日本への割譲に反対し、清朝の役人唐景松を総統として、台湾民主国を成立させた。台湾島民が反対の意志表示をすれば、新たな三国干渉もあろうかと期待したのである。

日本政府もこれを恐れ、いち早く台湾への出兵を決意した。海軍大将樺山資紀（かばやますけのり）を台湾総督とし、北白川宮能久親王（きたしらかわのみやよしひさしんのう）の率いる近衛師団の派遣が決定した。

森林太郎、台湾に向かう

四月二十一日、森林太郎は金州において、軍医監（大佐相当）への昇任を聞いた。

五月十五日、林太郎は船で旅順に赴き、遼東に来ていた野戦衛生長官石黒忠悳と会った。石黒は上機嫌で言った。

「どうだね、台湾へ行って来ないかね。異国の風土を見てくるのも悪くはなかろう。」

林太郎はこれに歌で答えた。

ゆけといはばやがて往かむをうた枕見よとは流石（さすが）やさしかりけり

五月十九日、林太郎は金州を発ち、二十二日に宇品港に帰りついた。ここで台湾へ渡る命を受け、樺山総督と同じ横浜号に乗った。

折から梅雨期に入り、陰々たる風雨の中を船は南へ進んだ。二十九日に船は、台湾島の東北・

三貂角（さんちょうかく）に至った。

三十日、小雨の中を日本軍は陸続と上陸し、林太郎も台湾の土を踏んだ。北白川宮をはじめ近衛師団の将兵は露営しているが、林太郎ら総督府の人員は天后宮に宿泊した。

それから数日、拳（こぶし）大の石が累々と露出する山道を、雨と蚊に悩まされながら林太郎らは行軍する。陸軍に身をおいて久しい林太郎も、戦いながらの行軍ははじめての経験であった。射干（ひおうぎ）などが咲き乱れる美しい谷川にも、二、三の死体が横たわっていた。

六月三日、日本軍はついに基隆（キールン）に突入した。敵の死者は約三五〇人、日本軍の死者は二名、負傷者は二六名であった。

十一日、日本軍は台北に入城した。台湾民主国の威令は一向に行われず、台北市内にも土匪（どひ）が横行していた。総統唐景松は中国本土に亡命した。

十六日には総督府の始政式が行われ、林太郎は衛生委員に任命された。

戦闘中は雨続きであったのに、平定後ははたと雨が降らなくなり、人々は猛烈な暑さと渇きとに苦しんだ。

林太郎は台北の諸兵営を巡察した。多くは卑湿の地にあり、汚穢（おわい）甚しい。「他日宜シク全府ノ排水工事ヲ起シテ、以テ土壌（ドジョウ）ノ改善ヲ謀ルベシ」と林太郎は報告書に記した。

台北に設けられた医療機関は二つあった。一つは総督府診療所で、外来患者七二人のうち、脚気二六、熱性病二二、下痢症八、雑症一六人で、入院患者はいない。他の一つは大日本台湾病院で、外来九七人、うち脚気一九、熱性病九、下痢症三三、雑症三四人で、別に入院五人（熱性病四、下痢症一）があった。

恐るべき患者の実態

一方、近衛師団および第二師団で、兵員一万四〇〇〇〇人に対し、患者は八一五人、うち創傷四四、コレラ四五、腸チフス三、痢二八、瘧（おこり）（マラリア）五九人が発生している。コレラとマラリアがかなり多い。例によって林太郎は脚気の数を挙げていない。

しかし基隆兵站病院における病死者統計をみると、これとは異なる実情が浮かび出てくる（表16）。

これは病死者のみであるから、患者数はこの数倍あったであろう。当時の兵数に比して病死は異常に多く、凄惨と

表16　基隆兵站病院死亡者月割表（明治28年6〜12月）

病　　名	6月	7月	8月	9月	10月	11月	12月
コレラ	70	227	189	365	184	37	6
赤　　痢	4	16	21	54	91	73	22
腸チフス	13	20	14	13	21	7	10
脚　　気	18	94	48	157	145	97	43
マラリア	0	11	5	3	17	25	38
腸胃病	19	7	14	41	10	0	1
その他	2	14	5	7	3	9	3
計	126	389	196	640	471	257	123

っている。

いうほかはない。林太郎在任の七月中に、コレラおよび脚気の死亡者数はすでに相当の高値とな

八月十九日に林太郎は、台湾総督府陸軍局軍医部長補佐（八月八日付）の辞令を受けとった（それまで第二軍兵站軍医部長だったわけである）。そして二週間後の九月二日に、その職を免ぜられた。何故かかる不可解の人事が行われたかは明らかでない。

九月十二日の日記に、「石坂惟寛至る。蓋し我職に代るなり」とある。石坂惟寛はそれまで第一軍軍医部長であり、林太郎よりずっと高位にあった人である。

九月二十二日に林太郎は台湾を発ち、十月四日に東京に帰り着いた。陸軍軍医学校長事務取扱の仕事が彼を待っていた。

台湾の征討は日清戦争終結後のことであるから、糧食の補給が困難であったはずはない。主食は内地から白米を十分に供給していた。しかし副食物は何故かひどく粗末であった。

これについては、最初の軍医部長森林太郎の責任であったとする見方もある。しかし林太郎の正式な辞令が八月十九日まで来なかったことを考えると、彼にどれだけの権限があったかは疑問ともいえる。

しかし台湾における脚気の患者数は、林太郎の在任中にも相当の数に達していたはずであるから、林太郎に確乎たる問題意識があれば、台湾のその後の惨状をある程度食い止めることができ

たかもしれない。だが『台湾総督府医報』においても、脚気にはなるべく触れないでおこうとする傾向が目立ち、その原因に眼を向ける姿勢は皆無であった。

石坂惟寛と土岐頼徳

後任の石坂惟寛の任期は、二十八年九月二日から二十九年一月十六日までであった。その後は、第二軍軍医部長であった土岐頼徳が代る。土岐の終期は明らかではないが、二十九年の四、五月頃であるらしい。

林太郎の後任として台湾に着任した石坂惟寛は、前代未聞の脚気の多発に驚愕したであろう。食糧不足で苦しんだ自分たちの第一軍では脚気が少なく、白米飽食の台湾軍で脚気が大流行しているのである。前掲の表15でみるように、脚気患者は全兵員の九〇%に及んでいる。台湾軍でも二十八年十月から麦飯の支給が行われているが、それは石坂の指令と思われる。

石坂が後任の土岐に何を話したかは明らかではないが、やはり脚気問題が重要な引継事項の一つであったろう。石坂が帰国後休職を命じられているのは、これと関係があったのかもしれない。

元来が麦飯論者であった土岐は、脚気の猖獗（しょうけつ）を目の前にして、全面的な麦飯給与に踏み切った。これに対し石黒忠悳は次の訓示を下した。

> 台湾軍医部報告第四十号ヲ一覧スルニ、貴官ハ……脚気ヲ予防スルタメニ一般ヲシテ米麦混飯ヲ主食タラシメントスルモノノ如シ。若シ斯ノ如クナレバ、本官ガ貴官ニ示シタル方針ニ違乖（イカイ）スルモノナリ。……台湾戍兵（ジュヘイ）ノ兵食ハ、未ダ学問上適切ノモノヲ定メザル間ハ、帝国

従来ノ兵食ヲ応用スルノ外ナク、帝国従来ノ兵食ハ、軍医学校積年ノ試験ニ拠レバ、米食ヲ主トスルヨリ勝(マサ)レルハナシ。……カノ脚気ヲ予防スル為ニ麦米混飯ヲ給スルガ如キハ、仮令(タトエ)一、二ノ偏信スルモノアルモ、未ダ学問界ニ於テ承認セラレタルモノニアラズ、今日日新ノ学問上、之ヲ以テ予防ノ効アリト認ムルニ至ラズ。

と声を励して叱責を加えている。

土岐頼徳の硬骨

これに対し土岐頼徳は憤然として、ただちに意見書を上申した。元来土岐と石黒は松本良順門下の同期生であり、その背景が上官に対し強い言葉を取らせたのであろうか。

聊カ本官意見ノアル所ヲ開陳シ、電覧ニ供ス。希クハ虚心平気、ソノ主旨国家百年ノ長計ニ基ヅクモノニシテ、所謂(イワユル)学者社会ノ紛争的議論にアラザルヲ領解セラレンコトヲ望ム。本官出発ニ望ミ口頭訓示セラレシ所ハ、近年軍隊脚気ノ麦飯ニ依テ減少シタルハ事実ナルモ、軍医官ヨリ麦飯ヲ以テ脚気予防ノ件ヲ申出ルハ、議会ニ対シ宜シカラザル事情アルヲ以テ、若シ麦飯施行必要ナラバ、事情ニヨリ雑穀ヲ混用シ得ルノ道アルヲ以テ……之ヲ供給スルコト支障ナシトノ意ナルヲ以テ、心窃(ヒソカ)ニ貴官亦麦飯ノ有効ナルヲ承認セラレタリト、国家前途ノタメ大ニ慶意ヲ発セシナリ。

と、皮肉な口調を以て始まるこの文章は、まず着台以来、脚気死亡が甚だ多数にのぼる実情を訴えている。ついで陸軍において米麦混合により脚気が大いに減少していることを述べ、石黒の訓示を転記して、その要点を要約する。

一、台湾戍兵の兵食は米飯でなければ用いてはならない。

二、米麦混飯の脚気予防効果は認められない。

三、これを信ずるためには、二群に分って比較実験をしなければならない。

嗚呼（アア）、高示ノ要点、果シテ斯（カク）ノ如シトセバ、之レヲ何トカ謂ハン、唯人ヲシテ覚エズ毛髪悚然（ショウゼン）タラシムル者アルノミ。

以上三点ヲ熟考スルニ、恐ラクハ齷齪（アクセク）タル小人、自家ノ陋見（ロウケン）ニ執着シテ、他人ノ偉勲ヲ嫉妬スルノ余、言ヲ巧ニシテ貴官ノ左右ニ勧（スス）メタルニ由ルニ非ザルナカランヤ。何トナレバ、貴官ノ公明忠誠ナル、残毒陰険、斯ノ如キ考慮、万々之（コレ）ナキヲ信ズレバナリ。

貴官今日功高ク爵貴（タカ）シ、責任モ亦当ニ重大ナルベシ。希クハ眼ヲ大局ニ注ギ、区々タル賤丈夫ノ私見、国家ノ大計ヲ誤ラントスル者アレバ、篤ク訓戒ヲ加ヘテ、帝国臣民タルノ正道ニ就カシメラレンコトヲ、切望ノ至ニ堪ヘズ。

ここで「齷齪たる小人」とか「区々たる賤丈夫」とか呼んでいるのは誰であろうか、森林太郎以外には思い浮ばないのである。

これに対し石黒忠悳は、自分が麦食を採用しないのは、兵隊を敬重するのと、学問を篤く信用するの二点からであると弁明している。「学問上確乎たる根拠がなければ」の論理は、近時エイズ問題に関連して、何故に加熱製剤を早く輸入しなかったかの問に、厚生省の一課長が、「学問上明確な根拠がありませんでしたので」と答えていたのを想起せしめる。一〇〇年の歳月を隔てていても、官僚の体質は変っていないとの感を深くする。

土岐頼徳は、三十年四月、台湾で軍務に服した功により五百円を授けられてはいるが、その後顕職につかず、三十四年予備役となり、四十四年に死亡している。享年六十七歳であった。むしろ淋しい晩年であった。

小倉左遷

戦後の一時期

日清戦争から帰った森林太郎は、古巣の陸軍軍医学校校長に復帰したが、やがて陸軍大学教官を兼任した。

明治二十九年四月、父静男が萎縮腎と肺気腫により六十一歳で他界した。林太郎は後に小説『カズイスチカ』の中に、父への敬慕の念を洩らしている。

日清戦争で廃刊した『しがらみ草紙』の後身に『めざまし草』を発刊、主として批評面で活躍した。中でも当時無名に近かった樋口一葉を発掘した功績は大きい。

同じく廃刊した『衛生療病志』の後継には『公衆医事』を創刊したが、これには主として学術的な論文が掲載された。

明治三十年六月には、小池正直との共著『衛生新篇』が発行された。これは衛生学者としての林太郎の面目を示す大著である。

当時陸軍軍医の最高ともいうべき医務局長の地位は、永らく石黒忠悳が占めていたが、明治三十年九月に退職、後任には石坂惟寛がなった。しかしその後一年に満たずして石坂は辞職、後任に小池正直を推薦した。林太郎は近衛師団軍医部長となった。

小倉赴任

明治三十二年（一八九九）六月、森林太郎は軍医監（少将相当）に昇進したが、同時に第十二師団軍医部長に任ぜられた。第十二師団は福岡県小倉に新設されたばかりの師団である。

林太郎はこの人事にはなはだ不満であった。陸軍部内の出世コースから外れるという不安のうえ、せっかく引受けた慶応義塾や日本美術学校の講義も中絶せねばならず、東京に集中している文壇との交流も疎になってしまう。林太郎は辞表の提出を真剣に考えた。

六月十七日、林太郎は東京を発って西下、途中、舞子の駅で、「小倉師団の軍医部長たるは、舞子駅長たることの優れるに若かず」の感慨を洩したことは有名である。

六月十九日早朝に小倉に着いた。当時の小倉はまだほんの田舎街であった。林太郎は借家に二人の女中を雇い、単身赴任の生活を始めた。女中二人を置いたのは独身者として誤解を避けるためであった。他に通いの馬丁も雇っていた。

明治三十二年六月二十七日の母への手紙に、

当地にても、小生の小倉に来りしは左遷なりとは、軍医一同に申居り、決して得意なる境界には無之候。扨大阪と小倉とにて段々局長の計らひを聞けば、今まで知らぬ事も多く、随分驚くべき次第に候。

と小池医務局長への不満を洩らす。その上、

菊地・江口のことは決して他人の上とは思ふべからず、小生とてもいかなる罪を蒙るか、予測すべからず、実に危急存亡の時なり。唯だしづまりかへりて勤務を勉強し居るより外はなけれど、決して気らくに過ごすべき時には無之候。

と警戒心を強めてもいる。

しかしこの小倉転任を左遷と見るべきではないという説がある。古くは山田弘倫に始まり、『軍医森鷗外の生涯』の浦井卓夫氏、『鷗外小倉左遷の謎』の石井郁男氏などがこの説である。しかし客観的にみて東京から小倉への移動は左遷に間違いないし、クラウゼヴィッツの『戦争論』を翻訳させるために林太郎を小倉へ持って行ったなどの説は、個人の能力を買い被った意見である。今も昔も官庁の人事などは、歯車のひとこまのごとく機械的に動かされて行くものなのであろう。

小倉の生活

小倉時代の林太郎は、九時頃に出勤し、三時には退庁する、比較的のんびりした勤務で、時間的な余裕はあった。

この余暇を利用して仏人ベルトランにフランス語を学び、若手の将校たちに『戦争論』の講義

もしている。また天才的なドイツ語学者福間博と知り合い、安国寺の僧玉水俊虠から唯識論の講義を受けたりしている。

こうして流れに逆らわず、静かに自己の充実を図る生活によって、林太郎は一段と人間的生長を遂げたようである。また規則的な生活により健康面にもよい影響があった。

三十三年（一九〇〇）一月には、前妻宮崎登志子の死を知り、大いに悼むこともあった。

三十三年十二月には、師団所属の軍医たちに一場の訓示を与えた。それは軍医が往診を断るなど、不祥事件が続いたためであったが、林太郎は法律上に問題はないが、個人の道義上の問題があるとし、

「その際に本職は一例を挙げて、諸君の反省を求めたいと思う。もし急病者が兵隊ではなく、軍医自身の両親もしくは妻子だったらばどうするか。それを判断の基礎として、その行動を決して頂きたい。」

これは医師としての森林太郎の良心を示すものであろう。

脚気と麦食の関係　明治三十三年に医務局長小池正直は、脚気と麦飯との関係について左の訓示を行った。

「上文列挙ノ事実（麦飯と脚気減少が時期的に伴っていること）ニ依リテ之ヲ推考スルトキハ、脚気ト食物トノ関係ハ動カスベカラザルモノノ如シ。……混食能ク脚気ヲ防遏シタルノ跡ハ殆

ド蔽フベカラザルナリ。右ノ理由ヲ以テ本官ハ脚気ト混食トハ原因的関係アルモノト認定ス。」

遠く九州でこの訓示を読んだ林太郎は、急遽「脚気減少は果して麦を以て米に代へたるに因る乎」の一文を草して、『公衆衛生』誌上に発表した。

「自分は旅の身で、公共図書館や私蔵の文献を利用できない」との言訳がましい言葉で始まっている。そうした境遇なら、こうした文を書かなければよいとの見方もあろう。

我が国の脚気患者数は、明治十八年の頃に至るまで極めて多かりしに、十九年の頃一たび暴かに減じ、二十四年の頃二たび暴かに減じ、終に殆ど消滅の状を為せり。之を我陸軍の衛生統計に徴するに、大略左の如し。（表17。なお表4、13も参照のこと）。

それは米麦混合食を与えはじめた年と時期的に照合しているが、必ずしも因果関係を示すものではない。何かわれわれに未知の原因によって消長しているかもしれないとし、その一例として蘭領インドにおける脚気の消長を挙げる。

右表（表18）を閲するときは、予の言はんと欲する所の者は、多言を費さずして明かなり。一八八五年（明治十八年）以前は蘭領印度及日本人に脚気多かりしに、一八八六年（明治十九年）彼此一時に減少期に入り、在蘭領印度白人は、土人の病勢最多の頂点に達するに及びて、始めて侵害せられ、一八八八年（明治二十一年）に至りて、始て減少期に入りしなり。

表17　陸軍における脚気の変遷

<table>
<tr><th rowspan="2">年　次</th><th colspan="2">脚気新患(%)</th><th colspan="2">同死亡(%)</th><th colspan="2">同除疫(%)</th></tr>
<tr><th>最多</th><th>最少</th><th>最多</th><th>最少</th><th>最多</th><th>最少</th></tr>
<tr><td>明治11～18年</td><td>37.0</td><td>14.4</td><td>1.1</td><td>0.2</td><td>0.5</td><td>0.2</td></tr>
<tr><td>19～23年</td><td>4.9</td><td>1.0</td><td>0.2</td><td>0.1</td><td>0.4</td><td>0.1</td></tr>
<tr><td>24～26年</td><td>0.5</td><td>0.1</td><td>0.0</td><td>0.0</td><td>0.1</td><td>0.0</td></tr>
</table>

表18　日本および蘭領インドにおける脚気の消長

<table>
<tr><th colspan="2">年　次</th><th colspan="3">脚　気　消　長</th></tr>
<tr><th>西　暦</th><th>日本暦</th><th>日　本</th><th>蘭領インド人</th><th>同白人</th></tr>
<tr><td>1873～84年</td><td>明治6～17年</td><td>多</td><td>多</td><td>少</td></tr>
<tr><td>1885年</td><td>明治18年</td><td>多</td><td>最多</td><td>最多</td></tr>
<tr><td>1886年</td><td>19年</td><td>第一暴減</td><td>第一減少</td><td>多</td></tr>
<tr><td>1887年
1888年
1889年
1890年</td><td>20年
21年
22年
23年</td><td>少</td><td>少</td><td>第一減少</td></tr>
<tr><td>1891年</td><td>24年</td><td>第二暴減</td><td rowspan="5"></td><td rowspan="3"></td></tr>
<tr><td>1892～95年</td><td>25～28年</td><td rowspan="4">甚少
(台湾を除く)</td></tr>
<tr><td>1896年</td><td>29年</td></tr>
<tr><td>1897年</td><td>30年</td><td>第二暴減</td></tr>
<tr><td>1898年～</td><td>31年以後</td><td>甚少</td></tr>
</table>

> 此よりして、蘭領印度と日本との間、減少の勢に頓漸遅速の別なきに非ずと雖も、並に皆病勢の衰替を兆せざるなし。……
>
> 予は我国の脚気減少の亦自然即非人為に出づるを認め、更に進みて彼蘭領印度と我国との脚気減少の、或は未知の同一原因に帰すべきを思惟す。
>
> 我国多数の学者は、我国人大小麦を食ひて、以て脚気減少を致したりと云へり。此所見は前後即因果の論理上誤謬を有して、根拠頗る薄弱なること、上述の如し。我国多数の学者と雖も、恐らくは我国人自ら大小麦を食ひて、以て蘭領印度の脚気減少を致したりとは云ふこと能はざるならん。

この論理に頷かれる読者は少ないであろう。『明治期における脚気の歴史』の著者山下政三氏は、

> 無法ともいうべき論法で、医学問題を論ずる論法とは思われない。……余りにも粗雑かつ常軌を逸した文である。

と手酷しい批評を下している。何より問題なのは、日清戦争における脚気の多発について一顧だにしていない点であろう。林太郎は日清戦争の惨状から何も学ばなかったのであろうか。

結婚と東帰

明治三十四年（一九〇二）十二月二十九日、雪の中を上京した林太郎は、前大阪控訴院判事荒木博正の長女しげ子と結婚式を挙げる。

三十五年一月八日、二十三歳の新妻を伴って小倉へ帰った。

三月十五日に、林太郎の第一師団への転勤の報がはいった。満二年九ヵ月の小倉生活であった。東京へ帰った林太郎は、しげ子と母ミネとの凄まじいまでの嫁姑の葛藤に耐えなければならなかった。十三歳になっていた長男於菟としげ子との間も巧く行かなかった。

やがてしげ子に長女茉莉が生れたが、事態は好転しなかった。日露の風雲が急を告げる明治三十七年二月、しげ子と茉莉は、駒込千駄木町の森家を出て、芝区明舟町の荒木家の借家に移り、完全な別居状態となった。

出征を目前にして林太郎の認めた遺言状は、しげ子に対しきわめて苛酷なものであった。それはほとんどしげ子の財産管理権を認めていない。しかも林太郎は戦地から愛情溢れる手紙を多くしげ子に送っている。その間の著しい懸隔は常人の理解を超えるものであった。

日露戦争

遼陽戦まで

日露開戦

明治三十七年（一九〇四）二月十日、日本はロシアに対し宣戦を布告した。陸軍においては、奥保鞏（やすかた）を司令官とし、第一（東京）・第三（名古屋）・第四（大阪）師団により第二軍が編成された。これは出征軍の中で最大の規模を持ち、満州における戦闘の主力となる任務を担っていた。森林太郎は三月六日、第二軍軍医部長に任ぜられた。

三月二十一日、林太郎は東京を出発、翌日広島に至った。ここで野戦衛生長官小池正直に対する第一回の報告が提出された。「第二軍外科方鍼（ほうしん）」と呼ばれ、極力手術を避け、保存療法を主とする方針が示されていた。

四月九日発の第八報には、広島における患者数が示されている。すでに外傷が相当数にのぼり、また花柳病（かりゅうびょう）（性病）の多いことが注目される。林太郎は既感染の慢性のものが多いと注釈をつけているが（表19）。

四月十三日には、第二軍内科方鍼が公表された。伝染病についての対策が記されているが、脚気については「病原物ノ所在及伝播経路不明ナリ」として触れるところがない。

第二軍出動　四月二十一日、第二軍は宇品港を出発、朝鮮半島北西部の鎮南浦に至った。鎮南浦に集結した第二軍は、七二隻の船団に分乗して、海軍の護衛のもとに遼東半島の東岸に上陸した。第二軍の目的は遼東半島の大部分を制圧して、旅順要塞を孤立せしめることにあった。

旅順の東北約五〇キロの南山には、フォーク少将の率いる支隊が堅固な陣地を築いていた。この南山の攻略が当面の目標であった。

だが第二軍の攻撃は敵の機関銃掃射に拒まれて、多くの死傷者を出して失敗を繰り返した。日本軍が艦砲射撃の援護のもとに南山に突入したのは五月二十六日の夕刻だった。その日日本軍は金州城も陥れた。この南山・金州の戦いで、第二軍の死傷者は三五〇〇といわれている。全兵員三万六〇〇〇のほぼ一割に当り、いかに激戦であったかが推察される。

この戦いのあと、林太郎は「扣鈕（ぼたん）」という詩を作っている（二〇二～三ページ参照）。いかにエリーゼの面影が強く残っていたかを示すものであるが、南山で戦死した一〇〇〇人の雄魂と対比するとき、林太郎の醒めた精神に慄然たるものを感ずる。

表19　広島における患者調査

種別	3月下旬調査			4月5日調査		
	外傷	平病	計	花柳病	その他	計
第一師団	74	187	261	17	181	198
第三師団	100	235	335	35	419	454
計	174	422	596	52	600	652

表20　第二軍伝染病患者数
（明治37年6月9日現在）

病名	患者数
腸チフス	5
発疹チフス	1
赤痢	1
脚気	2
破傷風	4

表21　第二軍伝染病患者数（明治37年6月～8月）

病名	6月28日患者累計	7月19日患者累計	8月18日患者累計
腸チフス	6	13	16
赤痢	5	54	147
脚気	43	193	321
流行性耳下腺炎	3		

負傷者後送の問題

このとき第一師団第二野戦病院長飯島茂が、林太郎を訪ねてきて、食糧輸送車の返路を利用して一日三〇〇名の患者を後送する計画だと話した。林太郎は黙然とそれを聞いていたが、飯島が病院に戻ってしばらくすると、次の軍命令が届いた。

「自今病院各個ニ傷者ヲ後送スルコトヲ厳禁ス。第二軍々司令官奥保鞏」

飯島はカッと頭に血が上った。すぐ第二軍軍医部に赴き、林太郎に抗議するとともに、せめて明朝の患者後送を黙認してくれるように頼んだ。だが林太郎は承知せず、

「支那車輛と担架を利用して、隔日に百名内外の患者を後送しているにすぎぬ第二軍軍医部長の立場を考慮せよ。」

と言うのだった。飯島は心平らかでなく、

「糧食空車輛の利用は、小官の創意であります。昼間小官が訪れました折には何も仰有らず、突然軍司令官の名で、一個の一等軍医に対し、厳禁の命を下されるとは、あまりに酷ではありませんか。」

と訴えた。林太郎はちょっと困った様子で、

「君、昔から大の虫を助けるためには、小の虫は殺されるに決っているのだよ。」

と洩らした。飯島はなお釈然としなかったが、「解りました」と頭を下げて帰った。

六月十八日の報告によると、第二軍の伝染性患者の数は表20のごとくであった。伝染病に入れ

られている脚気はまだ少ないとはいえ、満州の野に灼熱の夏が迫りつつあった。

遼陽会戦

南山の戦の後、第二軍の主力は北に向かって進んだ。第二軍の中から第一師団が分れ、新来の第十一師団（丸亀）と合して第三軍が編成され、乃木希典を司令官として旅順要塞の攻略を目指した。

一方、第十師団（姫路）と第五師団（広島）を合せて第四軍が形成される。第一師団が抜けた第二軍には、第六師団（熊本）が加えられた。

六月二十日、全軍を統轄する満州軍総司令部が設置され、大山巌が総司令官、児玉源太郎が総参謀に就任した。

近衛、第二（仙台）、第十二（小倉）師団より成る第一軍は、鳳凰城を落し、東方より遼陽に迫った。第四軍は析木城（せきぼく）を抜いて北進する。第二軍は蓋平、大石橋、海城と、西南から遼陽に迫る。進撃を続ける日本軍は、炎暑のほか、真黒に群がる蠅の大軍とも戦わねばならなかった。

六月二十四日、林太郎は、

「軍ハ遼東半島に来リテヨリ幸ニ流行性病ノ侵害ヲ免レタリシニ、本月ニ至リ、各隊少数ノ脚気患者ヲ散発セリ。各官ハ部下ヲシテ本病ノ早期診療ニ向テ力ヲ用ヒシメ、以テソノ蔓延ヲ防止スルコトヲ期セラルベシ。」

との第二軍軍医部長訓示を出した。

六月から八月にかけての伝染病患者の数を表21に示す。赤痢と脚気とは急速に蔓延の兆をみせている。

暑熱とともに、米の黴化（ばいか）が発見されたが、洗うことによって変敗部を流し去ることができたので、実害はあまり生じなかった。

戦史に残る遼陽の会戦は、八月三十一日より開始された。太子河に沿って守るロシア軍の総兵力は二二万五〇〇〇、攻める日本軍は三軍併せて一三万四〇〇〇。日本軍は三方より遼陽に迫った。

四日間の戦闘の末、ロシア軍は全軍退却した。日本軍の死傷は二万四〇〇〇、ロシア軍の死傷は約三万、比率としては日本軍の受けた損傷の方が大きい。ロシア軍の総司令官クロパトキンは、「わが軍は予定の退却を行ったにすぎない」と豪語した。日本軍は損耗はなはだしく、ロシア軍を追撃できなかった。日本軍は遼陽付近に滞陣して、鋭気を養うほかはなかった。

脚気暴発

これは医学的に警戒すべき状況だった。九月二十二日、林太郎は次の訓示を発した。

軍隊一地ニ停止シアル際ハ、多ク消化機ヲ害シ、随テ伝染病ヲ誘起スル虞（オソレ）アリ。今後ハ更ニ感冒ノ為メ呼吸器ヲ害スルニ至ルベク、之ニ対スル有力ナル予防ハ、適当ニ身体ノ運動ヲ営為セシムルニ在リ。依テ各官ハ、停止中部隊ニ適当ナル労働ヲ課セシメ、以テ各兵心身ノ弛緩ヲ避クルハ勿論、成ルベク遊戯等身体ノ運動ヲ伴フ者ヲ勧誘セシムルコトヲ要ス。

これは林太郎の杞憂ではなかった。第三師団を中心に脚気が多発しようとしていた。九月三十日の報告によれば、脚気の累計患者数は一二六七名に達している。林太郎はこれに注釈をつけている。

麦飯ノ給与ハ、八月中旬ニ至リ、一般ニ実施セラル。然レドモ第三師団ハ其実施普及セザリシ形跡アリ。

麦飯の実施と脚気の減少の間に因果関係はないと、再三主張してきた林太郎であったが、この事態に至って、麦飯の効果を認めざるを得なかったように見える。なおこの「八月中旬」については、小池正直の筆で「九月カ」の書き込みがある。客観情勢からみて八月中の麦支給は信じ難いとしたのであろう。

日露戦争中脚気の実態

日露戦争中の脚気患者数については、各種の数字があって、どれを信ずべきか判断に迷う。また当局によってことさらわかりにくくされた形跡もないではない。たとえば表22から日露戦争全期間の患者発生率が窺われるが、全兵数が明確でないので実数を把握することはむずかしい。またこの表の右端、部隊患者・入院患者の両者に重複があるのかどうかはよくわからない。常識的にいえば、脚気患者の入院率は数パーセント程度なので、一一万の入院患者がいれば、全患者数は三〇万を超えると考えられるが、二五万人程度

表22　日露戦争陸軍脚気発生概況

年・月		脚気発生率(兵員千名に対する比)					戦地脚気患者	
		清国	韓国	樺太	内地	台湾	部隊患者(人)	入院患者(人)
明治三十七年	2月		0.7		3.8		8	7
	3	0.9	1.2		4.8	1.7	77	42
	4	0.2	1.9		6.8	19.0	177	99
	5	1.4	12.9		7.9	28.4	334	226
	6	3.9	11.1		9.0	55.8	990	843
	7	17.3	14.9		9.4	96.0	5,137	4,756
	8	59.5	21.4		11.5	61.7	18,638	15,922
	9	53.2	13.5		11.7	16.3	16,254	12,863
	10	37.3	11.2		12.9	5.5	12,377	10,598
	11	32.0	17.1		12.1	6.5	11,495	7,951
	12	26.7	26.3		8.0	4.4	10,485	6,713
明治三十八年	1月	20.2	6.6		6.2	4.7	7,979	5,655
	2	16.8	14.7		4.8	2.2	7,445	5,574
	3	16.2	7.9		6.8	4.8	7,062	5,840
	4	10.6	12.4		12.2	4.1	5,084	3,477
	5	9.0	12.9		15.2	5.1	4,867	3,751
	6	8.1	10.8		16.3	3.0	4,490	3,327
	7	11.2	11.8	23.0	20.0	2.5	6,670	5,156
	8	11.4	13.2	64.9	15.9	3.1	8,292	7,056
	9	6.4	15.4	30.3	16.0	2.1	4,710	3,971
計		部隊死亡185人,入院後死亡5,711人					132,571	103,827

表23　戦地部隊脚気患者数

年・月		患者数	発生率(‰)
明治三十七年	7月	5,008	17.0
	8	18,079	57.6
	9	15,933	51.1
	10	11,728	34.3
	11	10,932	30.3
	12	9,889	26.5
三十八年	1月	7,618	19.4
	2	7,173	16.7
	3	6,504	15.1
	4	4,150	9.5
計		97,014	

と見る意見もあった。

一方、表23の三十七年八月の脚気患者数一万八〇七九と発生率五七・六‰から、その時点の戦地兵員数を計算すると、三一万四〇〇〇人となる（総動員数一〇八万）。したがって全期間に三〇万の脚気患者があったとすれば、その過大に驚かざるをえない。しかし表23の合計患者数が九万七〇〇〇にすぎないのは、重症者のみを扱っているのであろうか。

ところで林太郎が挙げた一二六七の患者数は、もちろん第二軍のみの数字であろうが、他の一、三、四軍を合計して、はたして一万八千余人になるのであろうか。

第一軍軍医部長谷口謙は、明治三十七年二月、脚気予防のため麦飯を給与するよう上申したが、採択に至らなかった。これからみると林太郎に奸人呼ばわりされた谷口謙の方が、医学的には良心的のように見える。しかしその意見は採用されなかったから、第一軍においても相当の脚気患者を出したことは間違いない。第四軍は比較的後から編成されたので、脚気発生率はやや低かったであろう。もっとも悲惨なのは第三軍で、旅順攻囲のため長期にわたって滞陣していたことにより、脚気患者の発生は最も多かった。

これら各軍の実数を知ることができないので確言はできないが、林太郎の報告した一二六七人はかなり控え目の数字であったように思われる。

脚気による死者についても、表22によれば約五九〇〇人となるが、二万七八〇〇余とする報道もあり、あまりの大差に驚くのである。しかしおそらく後者が実数に近いものであろう。

奉天戦まで

遼陽を撤退して奉天に拠ったロシア軍は、日本軍の追撃がなかったことから、日本軍の損耗が予想外に大きかったことを察知した。

沙河の対陣

十月三日、クロパトキンは全軍を督励して、反攻の時期が来たことを告げた。南進を始めたロシア軍は、本渓湖付近にいた第一軍の梅沢旅団を攻撃した。兵力は少なく砲弾も乏しく、全軍に脚気が蔓延しつつあった日本軍は苦戦を続けた。だが総参謀長児玉源太郎は積極的な反攻を決意した。いわゆる沙河の会戦の火蓋(ひぶた)が切って落とされた。

十月八日に始まった沙河戦は、十三日に峠を越えた。あまりの損害の多さに動揺したクロパトキンが退却を命令したのである。

この会戦で日本軍の死傷者は約二万人であった。ロシア軍の遺棄死体は一万三〇〇〇、傷者三万以上と推定される。

両軍は沙河を挟んで防禦陣地を強化し、持久的対陣が始まった。十一月の満州はすでに冬である。戦線は数十キロにわたって膠着状態を続けた。こうした対陣において恐しいのは疾病の蔓延である。はたして腸チフスと脚気とが猛威を振った。

十一月一日の報告を見よう。

脚気　第三師団ニ於テ稍多発シ、九月中五百七十二名アリ。第四師団百四十名、第六師団八十七名、軍直属部隊六十名、計八百五十九名、累計二千百二十六名。

累計において九月の報告を僅かに越えるのみである。脚気についての林太郎の報告は、いつも過小であるような印象を受ける。

国内の反響

ともあれ前線における脚気の多発は、日本内地にも報道され、国民の視聴を集めた。「陸軍の脚気患者は負傷者よりも多い」「患者のための経費は六〇〇万円に達した」などの声も聞えた。こうした批判を黙殺し得なかった陸軍省は、十一月に記者会見を行った。

昨今戦地に脚気流行し、わが戦闘力を減ぜしむる由を伝ふる者ありて、父兄は頗る之を心配し、何故に麦食を与へざるやと言ふ者もあれど、此の脚気に対しては当局はあらゆる研究をなし居り、……彼の麦飯の如きも夙くに採用して、出来得る限り戦地へ麦を送りつつあり。

……唯だ陸軍は海軍と事情を異にし、戦闘時にありては炊方(たきかた)の面倒なる麦食のみに依らしむる事は出来ぬ場合もあり、或時或る場所に於ては、麦食を給与せぬ事もあらんかなれど、充分に注意し居るは言ふ迄もなき事にて、……父兄たるもの安心して然るべし。

と弁明している。

日清戦争当時と比べれば、米食一辺倒の石黒忠悳はすでに引退しており、当時の陸軍大臣寺内正毅が麦食論者であったことが幸いして、ずっと柔軟な姿勢になってきている。しかしそれにもかかわらず、十月・十一月になってもなお一万を越す脚気の発生があった。

それというのも麦のビタミンB_1含有量は一〇〇グラム当たり〇・一八ミリグラムにすぎず、三割程度の

明治38年								
2月	3月	4月	5月	6月	7月	8月	9月	10月
16.74	16.00	10.68	9.16	8.22	11.63	13.49	9.20	5.82

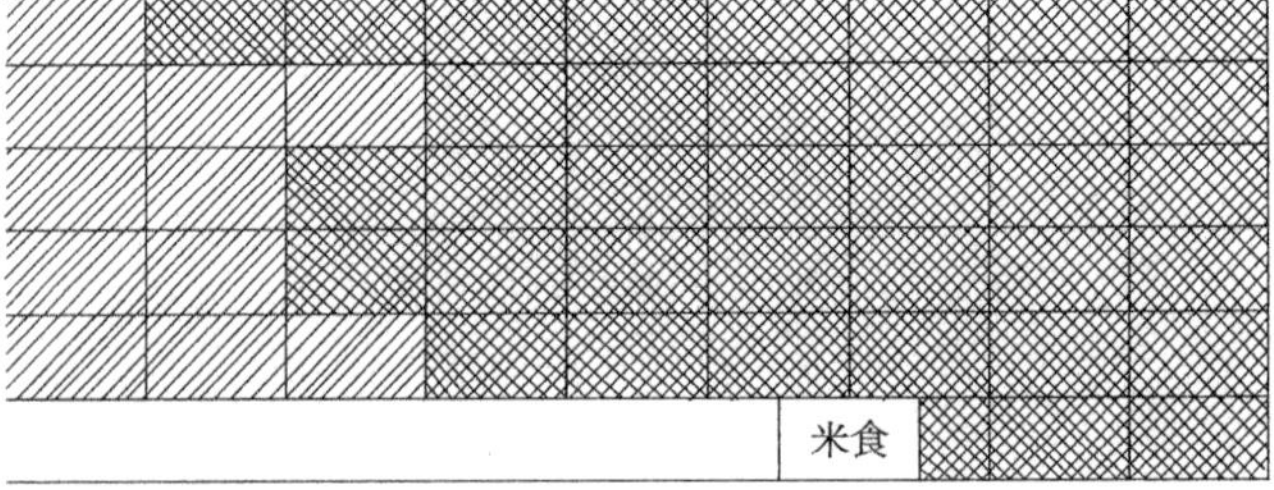

米食

混食では脚気を完全に防ぐことは無理であった。副食物の蛋白質を増せばよいのだが、それがなかなか困難だった。

それでも表24に示すように、麦の供給による脚気の減少は明らかであり、三十八年の夏には、前年の四分の一程度に脚気を抑えこむことができた。

酷寒の沙河戦線

だが凍土にしがみつくような酷寒の沙河戦線に、脚気は容易にその黒い影を絶とうとしなかった。

明治三十八年一月十八日の報告。

軍ノ衛生状態ハ旧ニ依ル。十二月中ノ伝染病者ハ前月ニ比シテ著シク減ゼリ。独リ脚気ハ未ダ希望ノ如ク衰退セズ。

十二月中ノ患者ハ第三師団百八十八名、第四師団二百七十一名、第六師団百六十二

表24　戦地における脚気発生率と主食の概況

年・月	明治37年							
	6月	7月	8月	9月	10月	11月	12月	1月
出征部隊兵員対千人罹患比率	4.14	17.23	58.22	51.32	35.97	31.68	27.57	19.83
第一軍						▨	▨	▨
第二軍			▨	▨	▨	▨	▨	▨
第三軍			▨	▨	▨	▨	▨	▨
第四軍					▨		▨	▨
鴨緑江軍								▨
樺太軍	38年7月より							

注　37年の無印は米食を示す。▨は一部米麦食，⊠は全部米麦食。

名、軍直属部隊四十三名、計七百六十四名、累計五千七十名。

しかも新たな敵が襲ってきた。零下二〇度から零下三〇度に及ぶ酷寒による凍傷の発生である。患者三一名中、足および趾（足のゆび）の凍傷は二二名に及んだ。

一方、壕内の薪炭の不完全燃焼による一酸化炭素中毒にも気を配らなければならない。

「壕内等ニ於テ、尋常ノ衛生上ノ要求ヲ充サンガ為メニ、炭酸定量ヲ企図スルハ合宜ノ方法ニ非ズ。時々空気ヲ流通セシムル様（ヨウ）、注意ヲ与フレバ足ル。」

旅順陥落　明治三十八年（一九〇五）一月一日、旅順要塞のロシア軍は遂に降伏した。

三十七年八月より要塞内に壊血病（かいけつ）が発生、次第に増加し、開城の頃にはロシア軍の九〇％がその患者という状態であった。だが大豆は十分に貯蔵されていて、もしロシア軍がこれから「もやし」を作り、ビタミンCを補給することを知っていたら、勝敗の行方はまだわからなかったかもしれない。

一方、攻囲する第三軍の方は、屍山血河の肉弾戦に消耗を重ね、脚気の多発にも苦しんだが、麦飯の支給により被害の拡大を食いとめることができた。近代的な眼をもってすれば、旅順戦はビタミンB_1とCとの戦いであり、かろうじてビタミンB_1の供給がまさったというところであった。

ともあれこれによって日本は、第三軍を北上させて奉天会戦に参加させることができたし、旅順港を見張っていた連合艦隊もその任務から解放されて、バルチック艦隊の来航に備えることができたのである。

黒溝台の激戦

その間にシベリア鉄道を通じてロシア軍の補給は十分進み、クロパトキンにとって待ちに待った反攻の時がやってきた。

一月十二日、秋山好古の騎兵隊が守る黒溝台が襲われた。兵力の不足に悩む日本は、第八、第五、第二師団を投入し、やっと敵を撃退することができた。日本軍の死傷者九三〇〇、ロシア軍の死傷者は一万一〇〇〇と推定される。日本側の辛勝であった。

これに関する林太郎の二月二日の報告。

傷者ノ数比較的多ク、収容力不足ナルトキハ、前記ノ気候（酷寒）ニ於テ負傷者ノ凍傷ヲ兼発スルヲ見ル。第八師団ノ三個野戦病院ニ収容セシ傷者ノ三八％ハ凍傷ヲ兼ネ、同師団ノ収容セシ少数ノ敵傷者ノ五〇％モ亦（マタ）、凍傷ヲ兼ネタリ。極寒時ニオケル大戦闘ヲ予期スルトキハ、傷者収容力ノ増援ヲ要ス。

増援に増援を重ねても敵の半数の兵力しかなかった黒溝台の激戦に、「傷者収容力ノ増援」が期待し得ようか。この報告で林太郎は多少無理な要求をしているように思われる。

脚気の増多やまず

ついで二月七日の報告に、各軍の患者数が見られるので、表25に示す。これは三十七年中に内地に送還した数である。

これで見ると、第三軍の平病者がきわだって多い。平病とはふつうの病気のことであろうが、

表25　内地送還患者数

	伝染病者	平病者
第一軍	1,126	13,863
第二軍	188	8,465
第三軍	308	44,615
第四軍	15	2,026
遼東守備軍	282	14,226
合計	1,917	83,195

脚気が過半を占めている可能性が強い。第三軍の脚気発生率がきわめて高かったことが推測される。

この報告には次の付記がある。

脚気予防上ニハ一般生活状態ノ改良ヲ主トスルヲ以テ、諸予防法実行ノ監督ヲ厳ニシ、就中労働ノ適度ナランコトヲ期スルヲ要ス。麦及雑穀ノ供給ニ尽力スルヲ要ス。

ここに至って林太郎も、さすがに麦飯の効果をまったく否定することはできなくなっている。最後の一行には林太郎の悲鳴が聞こえるような思いがする。

同年二月十六日の報告。

軍ノ衛生状態ハ前月ニ比スルニ大差ナシ。腸チフスハ著ク減少シ、脚気ハ少シク増多シ、別ニ少数ノ流行性脳脊髄膜炎アリシガ蔓延ニ至ラザリキ。

脚気、一月中第三師団百九十三名、第四師団四百九十九名、第六師団二百六名、軍直属部隊五十七名、計九百五十五名、累計六千二十五名。

「脚気ハ少シク増多シ」と林太郎と書くが、はたして「少しく」であろうか。奉天会戦を目前にして、季節的には当然減るべき脚気の多発は、少なからぬ陸軍の苦悩であった。

奉天会戦

奉天は満州最大の都市であった。クロパトキンがその周辺で握っていた兵力は約三二万、大山巌の日本軍は約二五万であった。砲の概数はロシア軍が一二〇〇門、日本軍が九九〇門、日本側の劣勢は蔽（おお）うべくもなかった。しかし日本はここで積極的な攻勢をかけ、決定的な勝利を挙げる必要があった。財政的にも人的資源の上でも、日本はほぼ極限に達し、長期の戦争はもはや不可能であった。

ロシア軍にも反攻の企図はあったが、それに先立って二月二十三日、日本軍は攻撃を開始した。新たに設置された鴨緑江（おうりょっこう）軍が、鴨緑江を越えて山岳地帯を東北に進み、ロシア軍左翼の清河城を攻撃した。鴨緑江軍の中にもと第三軍の第十一師団（丸亀）が加わっていたことが、ロシア軍首脳に錯覚を起させた。「乃木軍が東部戦線に現れた」の報に驚いたクロパトキンは、少なからぬ兵力を東部に廻した。

その間に本物の乃木軍（第三軍）は西部戦線を北上し、ロシア軍の右翼を攻撃した。しかしこの方面のロシア軍は充実していたので、旅順で苦戦した乃木軍はここでも大きな犠牲を払った。ことに第九師団（金沢）は、兵員一万一〇〇〇のうち、半ばを越える六二四九人の死傷者を出した。

奥保鞏（やすかた）の第二軍は、第三軍に続いてロシア軍の右翼を攻撃した。三月四日、第二軍は渾河（こんが）を渡って奉天の真西に出た。その日は黄塵が舞い、太陽も黄色く曇り、氷上渡河が可能な最後の日だった。

第一軍と第四軍は奉天の南面を攻撃したが、この部分は完全に要塞化されており、屍の山を築いても進むことはできなかった。

前線は十日にわたって、両軍の砲撃が轟音を発し、肉弾あいうつ白兵戦が展開された。

三月七日に至って局面が一変した。日本軍に退路を断たれるのを恐れたクロパトキンが全軍に撤退を命じたのである。

三月九日、異常な突風が吹き荒れて、砂塵濛々（さじんもうもう）たる中に、ロシア軍の総退却が行われた。日本軍は容赦ない砲撃を浴びせ、果敢な追撃戦に移った。

ロシア軍は、奉天の北七〇キロの鉄嶺を支えることもできず、遠く四平街まで撤退した。

十六日に日本軍は鉄嶺に突入し、さらにその北五〇キロの昌図まで占領した。

この会戦に日本軍の死傷は五万に及んだが、ロシア軍の損害はそれよりも大きく、捕虜三万、死傷者一三万余にも上った。

収　束

伝染病は行軍の間よりも駐営の間に発生することが多い。奉天の大戦が終結し、戦線が膠着状態にはいってきた時期こそ、軍医の仕事はいっそう多端を加えるのである。

痘瘡麻疹の出現

三十八年四月十八日の報告。

軍ノ衛生概況ハ前月ニ比シ脚気衰退シ、其患者数約三分ノ一ヲ減ゼリ。……脚気、三月中第三師団百四十二名、第四師団二百三十二名、第八師団九十六名、軍直属部隊三百六十八名、計八百三十八名、累計八千百十五名。

奉天附近及其以北ノ部落ニハ、痘瘡及麻疹ノ流行アリ。野戦砲兵第八連隊ノ補充員兵卒一名ハ三月二十日痘瘡ニ罹レリ。麻疹ニ感染シタルモノハ三月上旬第三師団四名、同中旬第四師団一名トス。

奉天附近会戦中、破傷風ニ罹リシモノ三月十四日及十五日、第三師団第二野戦病院ニ三名アリ。其一ハ死亡セリ。

痘瘡・麻疹・破傷風等、軍医部長が気を配らなければならない病気は多い。

四月二十日、妻しげ子宛の手紙。

「奉天には遊びどころがあつて、女なんどもゐるので、人がだいぶ行くやうだ。おれにはなんでそんな馬鹿な事が出来るやら、はたから見てもわからない。実にあきれた人が多いものだよ。」

この「あきれた人」には総司令部も頭を痛めていた。第二軍軍医部の芳賀軍医正が公娼の検黴を行っている。補充員の身体検査によって花柳病の増加が指摘されてもいる。

五月二十七日に日本海海戦が行われ、はるばる東洋に廻航してきたバルチック艦隊がほとんど全滅に近い打撃を蒙った。

和平の気運がようやく昂まってきた。アメリカ大統領ルーズベルトの斡旋により、ポーツマス会議が八月十日から開始された。

だが満州の野には日露両軍がなお対峙を続けていた。

六月四日の報告。

主食ハ一般ニ米麦混食ナレドモ、第三師団ハ麦ノ供給不足ニシテ、本旬中二日乃至四日ハ精米ノミヲ用ヒタリ。副食物ハ各部隊トモ生肉・生野菜ノ供給不足シ、地方調弁ニ藉（カ）リテ之ヲ補足セルガ如シ。但シ気温ノ漸ク昇騰スルニ従ヒ、生肉腐敗シ易ク、諸部隊ノ給養品ヲ廃棄セシモノ多数ナリ。故ニ第三師団ハ自今以後、生牛ヲ分配スルコトトセリ。

再び夏――伝染病

本旬ノ新患者数ハ前旬ト大差ナキガ如シ。気候ノ関係上、胃腸病、感冒性疾患主位ヲ占ム。伝染病ノ稍多数ニ発生セシハ遺憾トスル所ナリ。麻疹九、天然痘一〇、流行性脳脊髄膜炎二、腸チフス一人。

夏とともに伝染病は増加の傾向にある。六月七日ノ第二軍訓示は、現地人の販売する飲食品は原料以外は買わないこと、善良な水の供給を謀ること、防蠅（ぼうよう）の手段を講ずること、便所の清掃などを強く指示している。

それでもなお伝染病は襲ってきた。

七月四日の報告にいう。

本旬ニ於テ新患者ハ増加セリ。是レ主トシテ胃腸病ノ多発セルニ依ル。……各部隊多数ノ下痢患者ヲ出シ、特ニ大腸カタルニシテ粘液血便ヲ洩スモノアリ。……第三師団ノ卒一名、二十六日急性胃腸カタルニ罹リ入院、二十九日死亡セルモノアリ。特ニ検査シタレドモ病源菌ヲ発見セズ。他ニ、腸チフス十名、天然痘二名ナリ。

未知の伝染病が発生しているようだが、幸いにして大事に至っていない。脚気は夏期にもかかわらず減退して下火になっている。

しかし八月十五日の報告では、
患者ノ主ナルモノハ一種ノ熱性病ニシテ各部隊殆ド発生セザルナシ。第四師団ニハ新患約二百五十名ノ内約九十名ノ熱性患者ヲ出シ、第八師団ニテハ六十二名ヲ出シ、内二十七名ハ腸チフス疑似者トシテ入院セシメシニ、五名腸チフスニ決定セリ。

どうやらこの熱性病は腸チフスであったらしい。確定した腸チフスだけでも一二六名に達し、なお増加の傾向を示した。


日露講和　ポーツマス会議は八月二十九日妥結に達した。条件は、①満州韓国での日本優位の承認、②東清鉄道の接収、③樺太南半の割譲などであった。

かくて平和の曙光は見えはじめたが、両国の批准がすまなければ本当の平和ではない。九月十六日の報告。

本旬間、新患ハ前旬ニ比スレバ減少セルモ、腸チフス発生ハ依然トシテ減退セズ、本旬間報告ニ接セルモノハ次ノ如シ。

一、腸チフス　二九九
二、赤痢　一七
三、天然痘　一

脚気ハ第三師団ノミ少シク増加シタルモ他ハ減少シ、特ニ後備混成第八旅団ニテハ、患者転送三五ニシテ、前旬ニ比シ四四ノ減少ヲ示セリ。

脚気は減ったといっても、なお相当数の発生を見ている。著しく減ったという第八旅団の数のみ示し、他は患者数を挙げていない。

十月十六日、平和条約批准。ついで各軍の凱旋順序が発表された。第二軍の凱旋は三十九年の一月である。

凱　旋

十月二十三日の報告。

第三師団ノ旬間新患数ハ百八十二名ニシテ、前旬ニ比シ七十ヲ減ゼリ。疾病ハ主トシテ腸チフス、脚気ニシテ、其他ハ感冒性疾患、胃腸病ナリ。……

第四師団ハ中旬新患二百二名ニシテ、前旬ニ比シ五名ヲ増加セリ。然レドモ未定ノ熱性病者ノ発生ハ四十名ニシテ、前旬ヨリ二十九名ノ減少ヲ示セリ。……脚気新患ハ十名。

すでに寒冷期にはいっているのに、なお熱性疾患が発生し、脚気も余力を保っている。

十一月二十二日の報告。

第三師団ニテハ腸チフス患者七名ノ内二名ハ先旬決定セルモノナリ。其他主要ナル疾病ハ脚気ニシテ、新患九名アリ。

第四師団、本旬発生セル熱性病者ハ十二名に過ギズ、前旬ニ比シ十五名ヲ減ゼリ。……脚気新患ハ十一名ナリ。

明治三十八年はかくのごとくして暮れた。酷寒の満州に林太郎は二度目の新春を迎えた。三十九年（一九〇六）一月一日、第二軍司令部は鉄嶺を発ち帰路についた。森林太郎ももちろんその中にあった。

一月十二日、東京に凱旋。その日のうちに参内した。

千駄木町の家に帰ると、次々に来客があった。やっと一段落つくと、すでに夜の十二時をすぎている。林太郎はやおら軍刀を引き寄せて立ち上った。

「どこへ行くの。」

ミネの声をふり払って林太郎は表に出た。別居して芝明舟町にいる妻しげ子のもとへ行こうとするのである。

陸軍軍医総監と脚気調査会

臨時脚気病調査会

林太郎、医務局長となる

明治三十九年（一九〇六）一月、森林太郎が凱旋してきたところまでで、与えられた紙数のほとんどを使い切ってしまった。森林太郎の生涯はなお一六年残されているが、脚気と関係ある部分は幸いそれほど多くはない。したがってあと二つだけ重要な事項を述べて本書を結びたいと思う。

日露戦争において脚気が多発し、かつ死亡者も多かったことから、脚気の原因を確かめ、その予防法を確立すべきだという世論が高まってきた。東大の病理学教授山極勝三郎は「脚気病調査会」なる論文を書き、国家事業となすべき急務なることを訴えた。また代議士山根正次は脚気病調査会設立の建議案を議会に提出、同案は三十八年二月二十五日審議され、賛成多数で議会を通過した。

しかしその後何故かこの話は進捗しなかった。明治四十年一月、『医海時報』は「脚気調査会」なる論説を掲げ、議会を通過した案が実行されないのは政府の怠慢であると責めた。その不実行は、陸軍省が冷淡であるためとか、医務局長の小池正直が反対しているためとかの議論が雑誌などに現れるようになった。

小池正直は脚気問題に深くかかわってきた人ではない。明治三十三年の局長訓示において、麦飯容認に傾いていたことは上述のとおりである。しかし日露戦争に米麦混合食を給しても脚気の流行を食い止め得なかったことから、自信を失ったのであろうか、四十年三月の訓示においては、

> 脚気ノ病源ハ今尚闡明（センメイ）セラレザルモ、中毒カ伝染カ二者必ズ其ノ一ニアラン。孰（イズ）レニスルモ、本病ハ口ヨリ入ルモノト断ズルヲ得ベシ。……従来陸軍ニ於テ本病ニ対スル予防ノ一方法トシテ、監獄、漢方医等ノ経験ニ基キ、米麦混食ヲ採用セリト雖モ、未ダ以テ絶対的ニ予防シ得ザルコトハ、日露戦役及其ノ前後ノ事実ニ徴スベシ。故ニ今後ハ成シ得ル範囲内ニ於テ、従来ノ方法ニ兼テ伝染病トシテノ取扱ヲ施サレムコトヲ望ム。要スルニ病原其物ノ闡明セザル間ハ、之ニ対スル予防ノ方法モ経習的、摸索的方法ヲ脱セズト雖モ、偶（タマタ）マ中（アタ）ルコトアレバ則チ国家ノ幸ナリ云々。（傍点原文）

と述べ、あたかも時代が逆行したかのような印象を受ける。「偶（たまた）ま中（あた）ることあれば国家の幸」の字句のごとき、あまりに無責任とも言える。

この問題が引き金となったかどうかはわからないが、それから八ヵ月後、小池正直は医務局長を辞任し、後任に森林太郎を推薦した。少なくとも小池の肚の中に、脚気問題に責任ある森林太郎に、その刈り取りをなさしめようとの思いがなかったとはいえないであろう。

脚気調査会発足　明治四十年（一九〇七）十一月、森林太郎はかねての望みのとおり、軍医の最高峰、陸軍軍医総監・陸軍省医務局長に就任した。だがそれは臨時脚気病調査会の会長を引受けることでもあった。

四十一年五月三十日、勅令によって臨時脚気病調査会官制が公布された。委員として、陸軍から平井政遒・都築甚之助ら、海軍から矢部辰三郎・岩崎周次郎、大学から荒木寅三郎・須藤憲三ら、伝染病研究所から北島多一・柴山五郎作ら、そのほか青山胤通（たねみち）、北里柴三郎が臨時委員に任命された。

七月四日、発会式を兼ね、第一回委員会が陸軍大臣官邸で開かれた。当日は寺内陸軍大臣の次のような挨拶があった。

脚気病調査会を陸軍大臣管轄としたのは、別に深い意味があるわけではありません。元来は大学で研究すべきものでありますし、又内務省の伝染病研究所も本病を研究しつつあることですので、陸軍省の管轄を奇妙と思われる向きもあるかも知れません。しかし脚気の研究には材料が必要であります。陸軍は多年脚気病と闘ってまいりまして、多少の歴史を持っております。その研究材料にも多数の脚気患者を有しておりますので便利と申せましょう。それ故にしばらく陸軍の管轄といたしましたので、各委員の御諒解を得たいと思っているところであります。……

なお一言触れなければなりませんのは、私が此の会を思い立ちました動機であります。私は二十年来の脚気患者でありまして、牛込の遠田澄庵医師の診療を受けたこともあり、その後今日に至るまで麦飯を摂っております。そこで日清戦争に際して、私は運輸通信部長でありましたので、わが軍隊に麦食を供給しようとしましたところ、軍医総監であった石黒男爵から、何故に麦を支給するのか、麦飯がはたして脚気に効果があるのかと詰問されて、麦の供給を中止した経緯があります。今この席に居られる森局長も、石黒説賛成者で、私を詰問された一人でありました。私は自ら脚気に苦しみ、またわが陸軍の苦悩をまのあたり見て来ましたので、一日も早くこの病源を解明してほしいと、この会を設置したのであります。諸君のご尽力に深く期待しております。

この演説について、山下政三氏は、

かつて米飯兵食こそが最良であると証明し、麦飯給与を阻止し脚気流行を支援した森林太郎は、調査会会長の席で、どのような感慨のもとにこの話を聞いていたのであろう。

と述べる。しかし私の知る限り、森林太郎が「麦飯給与を阻止し脚気流行を支援した」事実は見当らないように思われる。だが米飯の優越を主張し、麦飯の効果を疑ったことは事実であって、その責任は当然負わなければならないであろう。

コッホの来日　ちょうどその頃、コレラ菌の発見者コッホが来日していた。直接の恩師でもあり、語学の達者な林太郎は当然その接待に当った。

六月二十二日、コッホは森林太郎・青山胤通・北里柴三郎の三人を招いて、脚気について次のような見解を洩らした。

「脚気には二種類の病気があるのではなかろうか。伝染性のものと非伝染性のものとである。シンガポールやスマトラで流行するベリベリと日本の脚気とは、同じ病気とは思われない。ベリベリの死亡率は百名中六、七十名、脚気は七名くらいにすぎず、同種の病気とはとうてい思われない。

まず診断法を確定するのがよい。診断を誤らないことが第一である。原因が明らかでなければ治療ができないということはない。例えば天然痘はいまだに原因不明だが、予防や治療はできるようになった。

ベリベリをよく研究するがよい。流行地であるシンガポールやスマトラに遠征し、日本の脚気と比較研究することが大事である。」

このコッホの意見は、窮地に立っていた林太郎にとっては渡りに舟であった。ベリベリ調査のために委員をバタビア（現ジャカルタ）に派遣する案が、七月八日の第二回会議に上程され、可決された。約二万円の予算がつき、陸軍の都築甚之助、東大助教授の宮本叔、伝研の柴山五郎作の三名がバタビアに派遣された。

十二月に帰国した彼らは、海外での成果を報告したが、もとより脚気の原因をつかむ手がかりは得られなかった。今日ではコッホの見解に反し、脚気もベリベリも同じ病気と見なされている。バタビアに行った三人の委員のうち、都築甚之助はエイクマン（後述）の実験に感銘を受け、委員を辞職してエイクマン説の検証に突き進むのである。

大正時代の脚気

だがその後、臨時脚気調査会は開店休業の状態を続けた。錚々たる委員の顔触れを揃えながら、そうした不活発は、会長の森林太郎が脚気の原因究明に不熱心なためと言われても仕方のないことであった。日本医学界の主流（田沢鐐二・緒方知三郎・青山胤通ら）は依然として中毒説・病源菌説に寄りかかっていた。

その間にも、日本国民の脚気は決して減少しなかった。表26に示すように、大正期に入って脚気による死亡はむしろ増加し、大正七年（一九一八）には二万三〇〇〇余人の死者を出している。その頃の患者数は五〇万人と推定する人もいる。当時最大の国民病といわれた結核には及ばないものの、おそらくはそれに次ぐ国民的疾患であったろう。

森林太郎は大正五年に軍医総監・医務局長を辞任している。

大正九年に林太郎のライバル高木兼寛が、七十二歳で世を去った。

オリザニンの発見

一八九七年（明治三十年）オランダのエイクマンは、蘭領ジャワへ研究に赴き、白米で鶏を飼育すると、人間の脚気に似た症状を現すことを発見した。エイクマンはこれを白米中の有毒物質による中毒と考えたのだが、一九一一年にこの考えを翻し、脚気はなんらかの物質の欠乏による栄養障害であると発表した。

明治四十三年（一九一〇）、東大教授兼盛岡高等農林教授の鈴木梅太郎が、米の糠の中にある鉄蛋白質に脚気治療効果があると発表し、翌年米糠中からその有効成分を抽出し、オリザニンと命名した。これが実

表26　全国脚気死亡統計表（明治39年～昭和６年）

年　次	男	女	計	年　次	男	女	計
明治39	5,400	2,366	7,766	大正８	7,372	4,006	11,378
40	6,105	2,662	8,767	9	9,155	5,084	14,239
41	7,473	3,313	10,786	10	14,650	8,025	22,675
42	10,378	4,707	15,085	11	11,804	7,358	19,162
43	6,000	3,538	9,598	12	16,702	10,094	26,796
44	5,150	3,087	8,337	13	11,318	7,017	18,333
大正元	3,011	1,739	4,750	14	8,428	5,481	13,909
2	3,745	1,888	5,633	昭和元	7,115	4,994	12,109
3	6,586	3,153	9,689	2	7,417	4,641	12,058
4	7,460	3,832	11,292	3	12,100	6,936	19,036
5	10,795	5,681	16,476	4	9,231	6,225	15,456
6	9,411	5,383	14,794	5	9,517	5,902	15,419
7	16,226	7,406	23,632	6	11,139	6,628	17,767

質的にはビタミンの発見であったのだが、世界的にも日本の医学界にもほとんど注目されなかった。わずかに京大教授島薗順次郎が大正八年（一九一九）オリザニンを取り上げ、ビタミン説を擁護した。その後、大森憲太・坂本恒雄らがこれを支持し、ビタミン説はようやく有力となってきた。

一九一一年、イギリスのフンクがエイクマンの研究に着想を得て、米糠中より脚気に対する有効成分を抽出し、ビタミンと名づけたが、その精製品を取り出すことはできなかった。大正十三年（一九二四）鈴木と大嶽了はオリザニンの精製に成功し、強力オリザニンと命名した。一九二七年、ヤンセンおよびドナートは米糠中からビタミンB_1の結晶を抽出、一九三〇年（昭和五年）には大嶽が強力オリザニンからビタミンB_1の結晶を取り出すことに成功した。

大正十二年に至って、臨時脚気病調査会は数十名の健康者に対してビタミンB_1欠乏食による実験を行い、脚気とほぼ同様の症状を発することが明らかになった。

大正十四年四月、臨時脚気病調査会は最終報告会を開き、脚気の原因はビタミンB_1の欠乏によるものとの結論を打ち出した。

森林太郎の死後三年目のことであった。

北条霞亭の死因

森林太郎は陸軍軍医総監となった翌年の明治四十二年頃から、盛んに小説を書きはじめ、『半日』『ヰタ・セクスアリス』『青年』『雁』『灰燼』『妄想』など、多数の現代小説を発表した。

鷗外の三大史伝

ついで大正期に入ると、『興津弥五右衛門の遺書』に始まる歴史小説に筆を染め、『阿部一族』『大塩平八郎』『堺事件』『高瀬舟』などの作品を残した。

これらの現代小説や歴史小説を低く評価する心算(つもり)はないが、晩年の三大史伝がもしなかったとすれば、文学史上の森鷗外の地位はいちじるしく淋しいものとなるであろう。

その三大史伝のうち、かつて石川淳が「抽斎第一」と評したことにより『渋江抽斎』の評判が最も高いようである。しかし抽斎の子渋江保の資料にあまりに依存している点や、筋の運びが俗ばなれしていない点からみて、第一級の作品とするのは憚られる。

幕末から明治にかけて、悠々たる歴史の流れを感じさせるものは大作『伊沢蘭軒』である。そこに出てくる菅茶山と蘭軒との詩情の交流は、塵間の苦を忘れさせてくれる。

しかし鷗外の苦渋の筆の跡を最も止めているのは、最後の『北条霞亭』であろう。霞亭が、石川淳のいうほど「俗情満々たる小人物」とは思わないが、俗臭を離れ得ない小官吏であったことは間違いないであろう。鷗外は霞亭の中に、時々自分自身の姿を見出さずにはいられなかったろう。筆が容易に進まず、たびたび中断したこともももっともであった。

さて鷗外が霞亭の中に自らの面影を見なければならなくなってから逢着したのが、霞亭の死であった。四十四歳の北条霞亭は何で死んだのか。鷗外の筆

霞亭の死因診断

は剋明にそれを尋ねる。

霞亭の死因は何であつたか。その病症が二様の見解を容すと同じく、その死因も亦二様の見解を容す。若し病が脚気であつたら、霞亭は衝心に僵れたであらう。若し病が萎縮腎であつたら、霞亭は溺毒に僵れたであらう。わたくしはやはり衝心の或は其時期にあらざるべきを斥けて、溺毒の毎に急遽なる侵襲を例とするを取らむと欲する。霞亭は全く死の己に薄るを暁らずにゐたらしい。この儆戒せざる隙に乗じて、人をして手を措くに遑あらざらしむるは、脚気の某期に於て衝心の能くなす所ではあるが、亦萎縮腎の全経過を通じて溺毒の

能く為す所である。

かくのごとく鷗外は、脚気説を斥けて、萎縮腎説を取った。「霞亭生涯の末一年」が完結したのは大正十年十一月であったが、その頃から鷗外自身ときどき下肢に浮腫を生じ、腎臓病の徴をあらわしたと伝えられる。

しかしこの診断は疑わしい。鷗外自身の死因が肺結核であって、萎縮腎でなかったごとく、霞亭の病状診断もおそらく誤っていよう。

霞亭の病状　備後（広島県）福山の阿部家に仕えていた霞亭は、文政四年（一八二一）十一月に妻子を率（ひき）いて江戸に至った。家を建てて、江戸に永住する心算であった。

発病は文政五年の七月頃であった。霞亭の友・岡本花亭より霞亭への来信の中に「御脚疾にて御引籠の由」の字句がある。脚疾はまず脚気であろう。時季的にも適合している。

その後、十一月頃から「痰喘」が始まっている。その痰喘は脚気とは別であろう。気管支炎か喘息（ぜんそく）か、あるいは肺結核の症状である。

文政六年に至っても、霞亭の病は癒えなかった。医者にはかなり診てもらっている。多くの医師が脚気と診断し、麦飯を勧め、減塩療法を行っている。それでも快癒しない。そこで鷗外は疑っている。

「気管支の徴候が此（かく）の如く久しく去らぬのは、或は脚疾が脚気ではなくて、萎縮腎などのために起つた水腫であつたのではなからうか。若し然らば医療の功を奏せなかつたのも、復怪しむに足らぬであらう。」

医師といえども自分の病気にひきつけて、他人の病気も診断しがちである。鷗外が腎臓を患っていたのは事実であろう。しかしもう一つの痼疾の方（結核）は堅く秘している。江戸時代においても明治の世にも、結核は不治の病であった。霞亭の医療がうまく行かなかったのは、結核と脚気の合併だったからではないのか。なお減塩療法を行っているので、腎臓病とすれば効果があったはずである。

霞亭みずからが書いている。

元来肺にかかり候症と存ぜられ候。

鷗外は自分の身にひきつけて、強引に霞亭の病気を萎縮腎と診断した。しかし萎縮腎で「痰喘」が来るか、また霞亭みずからが「膝腰の軟弱にこまり候」と書いているのを何と解釈するか。自分の結核を秘匿したままで、他人の病気を診断しようとしても、それは無理というものであろう。

ついに鷗外は自己の分身としての霞亭をも、脚気で死なせることを欲しなかったのである。

あとがき

林達夫氏は言っている。

「あれほどたくさん物を書いてゐながら、鷗外くらゐ自己を語ることの少かつた作家も罕(まれ)である、といふ印象を受けるのは私のみであらうか。」

だが鷗外は結構自己を語っている。『半日』ではその家庭生活を語り、『ヰタ・セクスアリス』では自己の性生活を語り、『妄想』ではその思想的遍歴を語っている。

しかし絶対に語らなかったものがある。それは自己の弱点であった。また弱点を露わす可能性のあることだった。それ故に鷗外は脚気のことを語らなかったのである。

私は『鷗外全集』から、林太郎が脚気について語ったほぼすべてを抽出した。それらはすべて「うわべ」の言葉であって、本質に触れるものはなかった。脚気こそは、鷗外の心の深いところに刺さった手痛い棘(とげ)であった。

だがそれでは、日清・日露の戦争で脚気のために死んだ数万の兵士に申しわけが立たないのではないか。彼に「麦飯給与を阻止し脚気流行を支援した」事実はなかったとしても、彼がついに脚気について「まとも」に語らなかった事実こそ、その責任の重さを示しているのではなかろうか。脚気こそは鷗外の最大のアキレス腱であった。

私は森鷗外を敬愛している。しかしいかなる巨人といえども、人間として欠陥のない人はいない。私は鷗外の事蹟と文業の中から、脚気にまつわる鷗外のウィークポイントを探し出そうとした。それが成功したか否かは問わないが、「もう一つの実像」の中に彼の全人間像を見ていただきたいと思う。

本書執筆に当り、多くの先学のお仕事を参照させていただいたが、特に山下政三『明治期における脚気の歴史』『脚気の歴史ビタミンの発見』、小堀桂一郎『若き日の森鷗外』、伊達一男『医師としての森鷗外』、大石汎『日清戦争中の森鷗外』『美神と軍神と』に負うところ多かった。ことに山下氏の著書から多くを学び、かつ多数の表を借用させていただいた。また竹森天雄、神田孝夫、佐々木雄爾、浦井芳夫氏らの著書・論文からも多くの示唆を受けた。そのほか学恩を受けた多くの方々、出版に関しお世話になった佐伯有清先生、吉川弘文館の大岩由明氏・柴田善也氏などに深甚の謝意を表して筆を擱く。

一九九八年一月三十日

白崎昭一郎

著者紹介

一九二七年、東京都に生まれる
一九五〇年、京都大学医学部卒業
開業医、福井保健所長を経て、
現在福井工業大学教授

主要著書

埋もれた王国　東アジアの中の邪馬臺国　橋本左内　広開土王碑文の研究　山川登美子と明治歌壇

歴史文化ライブラリー
39

森鷗外
もう一つの実像

一九九八年六月一日　第一刷発行

著　者　白崎昭一郎（しらさきしょういちろう）

発行者　吉川圭三

発行所　株式会社吉川弘文館
東京都文京区本郷七丁目二番八号
郵便番号一一三―〇〇三三
電話〇三―三八一三―九一五一〈代表〉
振替口座〇〇一〇〇―五―二四四

印刷＝平文社　製本＝ナショナル製本
装幀＝山崎登（日本デザインセンター）

歴史文化ライブラリー

1996.10

刊行のことば

現今の日本および国際社会は、さまざまな面で大変動の時代を迎えておりますが、近づきつつある二十一世紀は人類史の到達点として、物質的な繁栄のみならず文化や自然・社会環境を謳歌できる平和な社会でなければなりません。しかしながら高度成長・技術革新にともなう急激な変貌は「自己本位な刹那主義」の風潮を生みだし、先人が築いてきた歴史や文化に学ぶ余裕もなく、いまだ明るい人類の将来が展望できていないようにも見えます。このような状況を踏まえ、よりよい二十一世紀社会を築くために、人類誕生から現在に至る「人類の遺産・教訓」としてのあらゆる分野の歴史と文化を「歴史文化ライブラリー」として刊行することといたしました。

小社は、安政四年(一八五七)の創業以来、一貫して歴史学を中心とした専門出版社として書籍を刊行しつづけてまいりました。その経験を生かし、学問成果にもとづいた本叢書を刊行し社会的要請に応えて行きたいと考えております。

現代は、マスメディアが発達した高度情報化社会といわれますが、私どもはあくまでも活字を主体とした出版こそ、ものの本質を考える基礎と信じ、本叢書をとおして社会に訴えてまいりたいと思います。これから生まれでる一冊一冊が、それぞれの読者を知的冒険の旅へと誘い、希望に満ちた人類の未来を構築する糧となれば幸いです。

吉川弘文館

〈オンデマンド版〉
森　鷗外
もう一つの実像

歴史文化ライブラリー
39

2017年（平成29）10月1日　発行

著　者　白崎昭一郎（しらさきしょういちろう）
発行者　吉川道郎
発行所　株式会社　吉川弘文館
〒113-0033　東京都文京区本郷7丁目2番8号
TEL　03-3813-9151〈代表〉
URL　http://www.yoshikawa-k.co.jp/

印刷・製本　大日本印刷株式会社
装　幀　清水良洋・宮崎萌美

白崎昭一郎（1927～2014）

ISBN978-4-642-75439-2